젠더 갈라치기 정치

젠더 갈라치기 정치

초판 1쇄 발행 2025년 3월 17일

—

지은이 홍찬숙

펴낸이 이방원

책임편집 이희도   **책임디자인** 박혜옥

마케팅 최성수·김 준   **경영지원** 이병은

—

펴낸곳 세창출판사

신고번호 제1990-000013호   주소 03736 서울특별시 서대문구 경기대로 58 경기빌딩 602호

전화 02-723-8660   팩스 02-720-4579   **이메일** edit@sechangpub.co.kr

홈페이지 http://www.sechangpub.co.kr   블로그 blog.naver.com/scpc1992

페이스북 fb.me/Sechangofficial   **인스타그램** @sechang_official

—

ISBN 979-11-6684-402-7   03330

젠더 갈라치기 정치

홍찬숙 지음

세창출판사

서문

　　현재 한국 사회와 정치는 지금까지 알지 못했던, 탈바꿈을 위한 어떤 임계점에 다다랐다. 국회는 소위 '젠더갈등'을 선거에 의제화함으로써 대통령에 당선된 윤석열을 2024년 12월 20일 '내란죄 수괴'로 지명하며 탄핵 대상으로 소추했고, 헌법재판소의 최종 결정을 앞두고 있다. 엄청나게 빠른 속도로 진행된 이 일련의 과정에서 가장 주목받은 사실은 민주화 세력의 세대교체, 더 정확히 말하면 '세대×성'의 교체 현상이다. 과거 '586세대 남성'과 동일시되던 민주화 세력이 이번 사건 속에서 '10~30대 여성', 특히 '20대 여성'으로 교체된 것이다.

　　이 책은 이런 사실이 어떻게 가능한지를 설명하는 내용으로 읽힐 수 있다. 다만 애초에 그런 설명을 목표로 한 것은 아니었다. 책을 쓰기 시작한 것은 2024년 2월로, 당시에는 이런 정치 격변을 예상할 수 없었기 때문이다. 당시 이 책의 목적은, '젠더갈등'이라는 새로운 야만적 정치 프레임을 만들며 야기된 사회정치적 결과와 거기에 이르기까지 한국 사회의 움직임들을 사회학적으로 설명하는 것이었다. 당시에는 어떤 변화의 단서도 찾기가 힘들었다. 내가 2024년 11월 19일 조선일보의 서울대 국가미래전략원 '2024 한국 민주주의 인식 조사' 기사를 접했을 때까지만 해도, 현재의 변화를 상상하기 힘들었기 때문이다.

해당 조선일보 기사에 따르면, '의회와 정당에 개의치 않는 강한 지도자가 나라를 이끌어야 한다'에 동의한 응답자가 54.7%로 과반이었다. 이것은 12.3 계엄령 직후 '계엄 찬성' 의견이 11~13% 정도에 불과했던 여론 조사 결과와 상당히 괴리된다. 아마도 서울대 국가미래전략원 조사에서 '강한 지도자'를 옹호했던 사람 중 다수가, 진짜 계엄의 현실을 직면하며 소위 '현타'를 느꼈던 모양이다. 아무튼 '586세대의 위선'에 대한 청년들의 반감이 일종의 시대정신이 되면서 오직 극우적 목소리만이 당당할 수 있었던 2~3년 정도의 극단적 시간은 이제 막을 내린 것이다.

이번 탄핵 소추를 겪으면서 광장에 나와 목소리를 낸 사람들의 연령층이 또 한 번 성별로 갈렸다. 여성은 10~30대, 그중에서도 20대가 압도적으로 많았다. 반면에 남성은 40~50대, 그중 50대가 더 많았다. 탄핵 찬성의 의견이 20대 남녀에게서 모두 80%를 넘는다고 조사되었음에도, 광장 참여에서는 여전히 성별 차이가 나타난 것이다. 이 책은 이러한 차이가 어떻게 형성되었는지를 설명하고 있다. 물론 앞서도 말했듯이 '의도하지 않은 부대 작용'으로서 말이다. 이 책에서는 이 모든 '성별×

세대별 차이'가 언제부터 어떻게 시작되었는지를 설명한다.

이 책은 내용상 크게 세 부분으로 나눌 수 있다. 첫 번째 부분은 1~5강까지다. 여기서는 한국에서 사회정치적 문화의 '세대별 차이'가 어떻게 20대 내부의 '성별 차이'로 돌변하게 되었는지를 설명한다. 6~10강은 '공정성'과 '개인주의' 등 청년 세대 문화의 핵심어로 지적된 특성들을, 특히 울리히 벡의 개인화 이론에 기초하여 사회이론적으로 분석한다. 마지막으로 11~15강은 '세대×성별'로 응결되는 규범적 갈등과 불평등의 문제를 사회학적이고 여성학적으로 분석한다.

이 책은 15회로 진행되는 대학 강의의 형식을 따랐다. 이는 출판사에서 기획한 것이다. 다만 여기서는 중간고사와 기말고사 기간 없이 강의가 지속된다. 그리하여 총 15강으로 정리되었다. 애초에 나는 이 책의 제목을 '젠더 갈라치기 정치: 야만의 정치 2.0의 사회학'으로 정했는데, 그것은 '젠더갈등' 프레임이 젠더 갈라치기의 혐오 정치를 담는 그릇으로 사용되었기 때문이다. 그러나 출판사와의 협의 과정에서 최종적으로 부제는 생략하게 되었다.

19세기의 독일 사회학자 짐멜에 따르면 근대적 대도시화가 가져온 충동적 정서는 '적대감'이다. 산업화가 기세 좋게 진행되던 20세기 초반에 이 적대감은 나치즘, 파시즘 등 타자 말살 혐오주의 군중 동원의 정치로 응결되었다. 아도르노와 같은 비판이론가들을 따라, 그것을 '야만의 정치'라고 부르자. 당시에 이것은 명확히 반자유주의적인 반동의 정치였다. 반면 현재 우리가 선진 산업 사회들에서 관찰하는 새로운 혐오주의 정치는 '고전적 자유주의로의 회귀(신자유주의)'를 자신들의 전파 수단으로 삼고 있다. 나는 이 새로운 야만의 정치를 '야만의 정치 2.0'이라고 부르고자 한다. 한국의 '젠더갈등' 프레임의 정치 역시 신자유주의 논리를 타고 급조되더니, 결국 자유민주주의의 절차를 파괴한 '야만의 정치 2.0'으로 귀결되었다. 이제는 '야만의 정치 2.0의 사회학'을 통해 그 이후의 시간에 대비해야 한다.

차례

1강   한국에서 청년세대의 반권위주의 1
: 디지털화와 B급 감성의 정치

2강   한국에서 청년세대의 반권위주의 2
: 온라인 게임문화와 세계관

15강 출구는 있는가?

1강 _____

한국에서
청년세대의
반권위주의 1

: 디지털화와 B급 감성의 정치

1. 못다 핀 오프라인의 반권위주의 요구와 디지털 세계의 아노미

1960년대 이후 서구에서는 청년층을 중심으로 탈물질주의로의 가치 변동이 일어났다고 흔히 설명합니다. 이런 정치적 가치의 변동은 '68운동'으로 시작된 '신사회운동'의 특징으로 설명되는데, 여기서 매우 중요한 요소 중 하나가 '권위주의 비판'입니다. 68운동의 사상적 기반은 독일 프랑크푸르트대학교 중심의 비판이론으로 알려져 있습니다. 비판이론은 마르크스의 정치경제학 비판과 프로이트의 정신분석학을 융합하여, 산업화 와중에 민주주의가 아닌 나치즘 등 극우 군중정치가 발생하는 기제를 두 가지 차원에서 설명했습니다.

하나는 산업사회 형태로 제도화한 자본주의 맥락이고, 다른 하나는 권위주의 인성의 일반화라는 사회심리적 맥락입니다. 이런 사회심리적 측면은 '사회적 성격'이라는 개념으로 설명되었습니다. 전통적 혈통 욕구와 상반되는 개인주의적 자율성 욕구로 해석될 수 있는 '친부 살해 욕구(오이디푸스 콤플렉스)'를 19세기 남성들은 '아버지와의 심리적 동일시'를 통해 극복함으로써, 권위주의적 자아 형성에 이른다는 것이 프로이트의 설명입니다. 이런 식으로, 근대적 개인주의자로 전향했지만 동시에 부계제와도 화해하는 시민 남성의 심리가 형성된다고 본 것입니다. 이런 '규범적 단절과 심리적 지속성'의 상태를 독일 비판이론가인 아도르노는 '권위주의 인성'이라고 부르고 비판했습니다.

또 독일 비판이론은 베버의 자유주의적 비관론도 일정 부분 수용했습니다. 롤스의 절차 중심주의 낙관론과는 반대로, 베버는 근대 합리성의 절차 중심주의가 결국 쇠창살과 같은 관료제의 덫으로 귀결될 것이라고 비관적으로 전망했습니다. 비판이론은 베버의 이와 같은 견해를 수용하여, '합리화된 절차'에 대한 순응이 근대적인 '권위주의 지배'를 의미한다고 보았습니다. 베버가 시장 중심의 근대적 합리성을 '도구적 합리성'이라고 정의했듯이, 아도르노 역시 산업사회의 '도구적 이성'에 의해 시민의 '자율적' 성격이 아닌 '권위주의적' 성격이 생산된

다고 설명했습니다.[1]

68운동의 가장 핵심적인 이슈는 민주주의 절차 속에서 작동하는 권위주의적 정치에 대한 비판이었습니다. 그리하여 흑인 차별이나 베트남 참전처럼 타자화에 기초한 위계적 질서뿐만 아니라 자본주의 경제와 근대적 친밀성 제도 등 근대적 제도 전반의 순응 요구에 대한 비판이 동시다발적으로 나왔습니다. 계급관계에 대한 고전적 비판과 함께 해방적 성관계, 여성 해방, 흑인 해방, 국제관계의 불평등 등 근대적 권위주의의 제반 양상에 대한 비판과 함께 대안적 생활방식을 실험하려는 미시적 '생활정치'도 등장했습니다. 산업사회의 성공으로 가능해진 물질적 풍요 속에서 이러한 탈권위주의적, 탈물질주의적 요구가 자연발생적으로 분출했다는 의미에서, 로널드 잉글하트는 그것을 '조용한 혁명'이라고 불렀습니다.

한국에서는 1990년대에 '삶의 질'에 대한 이런 요구들이 나타났습니다. 한국에서도 산업화 성공의 결과인 물질적 풍요 속에서 정치적 민주화뿐만 아니라 생활민주주의에 대한 다양한 요구들이 제기되기 시작한 것입니다. 정치제도에서 시작한 민주화를 생활 민주화로 확대하려는 목소리들이 여러 방면에서 표현되었습니다. 그러나 서구에서 68운동과 신자유주의화 사이에 한 세대 정도의 세월이 흘렀다면, 한국에서는 정치 민주화 이후 10년 만에 외환 위기를 맞아 신자유주의화에 거세게 휩쓸

리게 됩니다.

서구에서는 복지국가나 노사협의 제도 등에 힘입어 신자유주의화의 속도나 충격이 한국만큼 거세지는 않았습니다. 게다가 한국의 민주화운동과 그에 이어 다양하게 분기한 당시의 시민운동은 서구와 비교하면 '구사회운동' 모델에 더 가까웠습니다. '조직 보위'와 위계적인 '지도-피지도' 관계가 여전히 중심적이었고, 일상 속 권위주의에 대한 저항은 개인 수준에서 막 싹트려는 때였습니다. 그런데 이제 외환 위기와 함께 그런 반권위주의 요구들이 '세상 물정 모르는', '철없고', '이기적인' 투정으로 폄하되었습니다. 생존의 장벽이 다시 솟아나면서, 반권위

개인화, 반권위주의, 디지털화

• 서구 제2개인화의 주체인 68세대

　- 탈물질주의 정치 의제, 반권위주의·반문화운동
　- 사상적 기반: 프랑크푸르트학파 비판이론
　- 제도 개혁 성과로 이후 '청년문화'의 지속성 창출

• 한국 개인화 세대인 1990년대 이후의 청년층

　- 외환위기로 물질주의 가치 재강화 → 반권위주의 표현 좌절
　- 사상적 분위기: 탈근대주의 계열의 계몽주의 비판
　- 온라인의 익명 발언으로 후퇴 → 청년의 정치 주체화 굴절

주의 목소리의 흐름이 끊긴 것입니다.

신자유주의화와 함께 디지털화가 본격화하면서, 청년들은 광장이 아닌 온라인 공간을 일종의 해방구로 삼았습니다. 광장의 정치가 여전히 기성세대 주도의 민주/반민주 구도로 진행되었다면, 온라인 공간에는 더 다양하고 개인적인 목소리가 모여들었습니다. 그러나 젊은이들의 자유로운 발화 공간이었던 디지털 공간 역시 일정한 '구조화'를 겪게 됩니다. 특히 기술 친화적인 남성들을 중심으로 디지털 공간이 형성되면서, 디지털 언어와 표현, 디지털 이슈와 결집 등에서 여성이 주변화되거나 배제되는 현상이 진행되었습니다.

한편 디지털 공간은 청년들이 '생활의 반권위주의'를 주장하는 방식에도 결정적 영향력을 행사했습니다. 68혁명 당시 서구 청년들의 반권위주의 목소리는 전통적인 광장의 정치로 진행되었고 이후 사회·정치적 제도를 크게 바꾸는 위력을 발휘했습니다. 예를 들어 당시 서독에서는 68운동의 영향으로 대학 개혁 등 반권위주의 제도 개혁이 진행되었고, 청년층의 반문화 운동은 녹색당의 결성과 의회 진출로 이어졌습니다.

반면 한국에서 디지털 공간의 해방적 성격은 어느 시점부터 오히려 반민주주의적인 디지털 행태들 아래 가려지기 시작했습니다. 이것은 물론 디지털화가 진행되며 나타나는 일반적인 경향으로서, 한국 디지털화만의 특징은 아닙니다. 2017년

'촛불혁명'까지는 디지털 공간을 개인화한 수평적 정치의 공론
장으로 보는 관점이 더 우세했던 반면, 그 이후에는 소위 '관종'
들이 판치는 극단적 주장들의 경쟁 공간이라는 부정적 평가를
받고 있습니다.

거의 완전한 익명성, 그래서 사회적 제재나 책임 윤리와
분리되는 발화 행위, 솔직함이나 소란한 관심 끌기에 기초한 지
배구조의 단순성 등, 온라인 공간 자체의 특성은 반권위주의적
해방의 방향뿐만 아니라 '탈진실'의 거짓말 세상 만들기로도 연
결될 수 있습니다. 따라서 현재 한국뿐 아니라 전 세계에서 온
라인 공간은 극단적 주장과 범죄의 온상으로 여겨집니다. 그런
데 불행하게도 한국에는 온라인 공간의 무책임한 발화를 견제
할 수 있는 청(소)년 정치 교육이나 문화가 존재하지 않습니다.
한국에서 청(소)년은 입시(취업) 기계로 전락했고, 정치의 주체
는, 그들의 청년 또는 중년 시절부터 계속 정치적 주체였던 기
성세대입니다.

유교적 '노인 지배'의 세월이 길었던 한국에서 청년의 미
숙함은 주체적 성장의 출발점이 아니라 일방적 가르침의 대상
이었습니다. 그리고 바로 여기서, 지금의 특수한 현상인 청년
정치의 부재 또는 아노미적 분열이 시작되었습니다. 68운동 이
후 청년들의 주도로 정치문화가 바뀐 서구에서는, 신자유주의
화로 인한 청년세대의 불확실성 증가에도 불구하고 청년(특히

남성)층이 새로운 극우화의 '선두 세력'으로 부상하지는 않았습니다.

　　반면 정치 민주화 이후 청년세대의 반권위주의적 요구들이 외환 위기를 기점으로 다시 경제적 생존 논리와 이념 갈등의 정치문화 속에 묻히면서, 청년들의 정치적 요구는 광장의 언어를 박탈당했다고 할 것입니다. 물론 청년 여성들은 한때 새로운 페미니즘 정치의 주체로 떠올랐습니다. 그러나 새로운 페미니즘 주체들 역시 제도권 진입에는 실패했습니다. 자신의 목소리를 잃거나 숨기고 있는 청년들은 온라인 공간으로 물러나서, 냉소적인 또는 익명의 목소리로서만 존재합니다. 이런 과정에서 1990년대 활발했던 청년층의 정치적 관심이 현재 청년층의 사회적 불신으로 변화하기까지, 그 중간 단계를 채운 것이 'B급 감성의 정치문화'라고 할 것입니다.

2. B급 감성의 디지털 반권위주의 정치: '비판'에서 '조롱'으로

　　산업화 성공으로 인한 부의 증가와 정치 민주화로 청년층에서 뒤늦게 개인주의 문화가 발생하고, 그것이 기성세대의 제도 및 규범과 충돌하기 시작했습니다. 따라서 새로운 청년문화는 기성세대의 규범적 지배에서 자유로운 공간에서만 표현될 수 있었습니다. 그리하여 그런 수요를 간파한 대중문화 영역이 발 빠르게 성장했습니다. 그 상업적 생산자들 역시 기성세대이므로, 청년들의 자유로운 소통은 기성 규범의 통제로부터 거의 무제한으로 자유로운 온라인 세계에서 가장 활발했습니다. 일종의 규범적인 진공상태에서 시작된 온라인 공간의 소통은 그 지배적 참여층의 특성에 의해 오프라인 공간과는 다른 방식으로 구조화되었습니다.

　　세계 사상사적 맥락에서 1990년대는 가히 '탈근대주의의 시대'였다고 할 것입니다. 이전 시대와 달리 1990년대에는, 서구의 새로운 사상들이 거의 동시적으로 한국에 유입되는 새로운 지적 상황이 시작되었습니다. 탈근대주의는 독일 비판이론보다 한 세대 정도 뒤늦게 프랑스에서 시작된 근대성 비판의 철학입니다. 68운동의 충격에 이어 프랑스 사회가 보수화하면서, 프랑스에서는 구조주의가 지배적인 사상으로 자리 잡았습니다. '탈근대주의'라고 불리는 사조는 바로 이 구조주의적 사고를 탈피하려는 프랑스 특유의 시도들입니다. 탈근대주의는 거시적 '구조', 특히 인류학자인 레비스트로스가 보편화한 이분법 대립구조를 해체하고, 권력을 생성하는 미시적 행위들의 관계를 분석하려 했습니다. 이렇게 행위들의 교환 속에서 생성되는 사회적 권력은 정치경제학적 구조 권력이 아니라, 의미론적인 규범 권력을 말합니다.

1960년대 '신좌파'의 이론적 토대였던 독일 비판이론의 '허위의식'이나 그람시의 '헤게모니' 개념 역시 규범적 권력관계를 의미합니다. 그러나 독일 비판이론과 그람시의 헤게모니 이론이 거시적인 자본주의 구조 속에서 작동하는 이데올로기로서 규범 권력의 문제를 지적했다면, 탈근대주의는 미시적 차원으로의 관점 이동을 촉구하는 측면이 강합니다. 또 독일 비판이론의 근대성 비판이 변증법적 양면의 통일성을 강조했다면, 포스트모더니즘은 이분법적 의미론 비판을 출발점으로 삼았습니다.

　　1990년대에 한국문화계는 탈근대주의에 의해 점령당하다시피 했습니다. 그런데 문제는 당시나 지금이나 한국문화가 서구의 '근대성'과는 사뭇 다르다는 사실입니다. 이것은 '탈근대주의'를 '또 다른 근대화'로 재해석하는 벡, 기든스의 '성찰적 근대화론' 유입과 관련해서도 마찬가지입니다. '비동시적인 것의 동시성'이 시대 흐름 속에서 계속 재배치되는 한국 사회에서, 탈근대주의 사조는 한국 사회에 대한 치밀한 설명의 출발점으로서보다는 오히려 억눌렸던 반권위주의와 다양성 주장을 위한 준거로 유입된 것 같습니다.

　　이런 와중에 1990년대 말 디지털 기술이 활용되는 새로운 언론 환경에서 정치 비판에 소위 'B급 감성'이 표방되었습니다. 그전까지 사회 비판에서 B급 감성의 표출이 아예 없던 것은

- 제2근대화: 독일 비판이론의 연장선

  - 산업사회의 제도화한 근대성에 대한 성찰
  - 근대적 '주체 해방'의 회복
  - '자율적 개인' 프레임의 변증법적 수정 및 확대
  - 근대 이성의 자기부정 속에서 규범적 연속성 강조

- 탈근대주의: 프랑스의 구조주의 비판

  - 변증법(이분화 속의 대립과 통일) < 이항 대립 비판
  - 근대의 계몽 프레임 탈피, 규범적 단절 강조
  - 미시적 권력 생성 행위 강조

아니지만, 그것은 일회적이거나 비공식적으로만 통용되는 '은어' 같은 것이었습니다. 말하자면 공적 언어생활에서는 근대적 이성에 부합하는 절제되고 교양 있는 표현만이 정당화되었습니다. 그런데 이제 인터넷 매체를 통한 새로운 공론화 환경 속에서, 'B급 감성의 정치 비판'이 공공연히 표방되고 정당화되었습니다. 이것은 언론에서 공식적/비공식적 소통, 언론 규범 준수/일탈의 이분법을 허무는 계기가 되었습니다. 그리하여 결국 비판/농담(조롱)의 경계 역시 허물어졌습니다.

조롱과 농담의 '일탈적'인 B급 감성이 주는 쾌감은 언어 소통에서 자기 검열을 허물었다는 짜릿함과 함께 전염성을 갖

습니다. 이런 '위반의 희열'이 기성세대의 엄숙주의와는 다른 젊은이의 재기발랄함으로 규정되면서, 향후 그것은 온라인 문화를 구조화하는 강력한 힘을 갖게 됩니다.[2] 처음에는 어느 정도 규범적 한계선을 유지했지만, 온라인 쓰레기 게시물들이 '일베'로 모여 공유되면서 '조롱과 농담'은 자유분방을 넘어 공공연한 혐오 발화의 형식으로 전환되었습니다. 그리고 이렇게 온라인 공간 한 귀퉁이에서 반복과 익숙함을 매개로 알게 모르게 정당성을 확보해 간 이런 발화 형태는, 이후 온라인 공간을 넘어 TV 코미디 코너 등에서 차용되며 특히 여성 혐오의 일반적인 형식으로 자리 잡게 됩니다.

'농담과 조롱'의 새로운 화법과 관련하여, 청년 남성과 여성 간에 감수성 차이가 드러난 적이 있습니다. 2016년 박근혜 정부의 국정농단 비판 촛불집회 당시 박근혜 대통령을 나체로 그려 조롱하는 그림이 나돌았습니다. 여성 청년들은 그런 조롱에 대해 페미니즘 관점에서 불편함을 느꼈습니다. 비록 정치적으로 반대하는 대통령이지만, 여성이 나체로 표현되어 조롱의 대상이 된다면 그것은 '성적 조롱'이라고 판단한 것입니다. 기성세대 여성들과 달리 청년 여성들은 그런 성적 조롱을 회피하지 못할 만큼, 자생적 페미니즘 의식을 갖춘 것입니다. 한편 청년 남성들은 이후 메갈리아의 '미러링(반사)' 전략으로 조롱의 화법이 남성 대상으로 되돌려진 이후에야 그런 소통 방식에 불편함을 느끼게 됩니다.

청년 여성들이 기성세대 여성과 달리 '페미니스트'로 성장하고 있었다면, 청년 남성들은 어떤 방향으로 정치적인 또는 시민적인 성장을 한 것일까요? 일베의 소위 '루저'문화가 청(소)년 남성들의 언어생활을 지배하게 되기 전까지는, 온라인 남성 청년들의 성향은 '진보'였고, 청년 여성들과 함께 '패륜적' 표현을 서슴지 않는 일베를 공격하는 쪽이었습니다. 청년 남녀가 모두 공공연히 조롱과 농담의 화법을 즐겼으나 그 상대는 '부정의'한 정치적 반대편이었고, 패륜으로 이어지지 않는 규범적 한계선을 지킨다고 믿었습니다.

그런데 메르스 갤러리 이후 메갈리아 사이트가 만들어지고, 거기서 온라인 여성 혐오 표현을 남성에게 되돌린다는 '반사 전략'이 행해진 뒤로, 진보/보수의 온라인 진영 나누기는 '여성 혐오/남성 혐오'의 대립으로 급전환됩니다. 온라인의 정치적 전선이 남/여 간에 그어지면서, 청년 남성들은 '일베'보다 '여자 일베'가 더 위험하다고 주장하고, 청년 여성들은 메갈리아는 '여자 일베'가 아니라 그냥 받은 대로 돌려줄 뿐이라고 방어했습니다. 이처럼 양성 간에 온라인 젠더 전선이 첨예화하는 가운데, 2016년 5월 강남역 살인사건을 계기로 청년 여성들의 태도가 온라인 여성 혐오에 대한 염증에서 생명 위협의 공포로 증폭하게 됩니다.

그리하여 연이은 '강남역 시위'는 청년 여성들의 온라인 남성 조롱이 남성을 차별하는 '남성 혐오'보다는, 여성의 '성적 타자화'가 가져올 결과에 대한 공포로 연결됨을 공적으로 드러낸 사건이 되었습니다. 강남역 시위 과정에서 시위자의 면면을 남성 개인들이 카메라로 수집하여 악의적으로 온라인에 유포할 것이라는 또 다른 공포에 사로잡힌 시위 여성들이, 얼굴을 가리고 또 시위에서 남성을 배제하는 관행을 만들었습니다.

청년 여성 시위의 이런 관행은 이후 전투적 '미러링 페미니즘' 사이트인 '워마드'에 올라온 '불법 촬영 미러링'에 대한 수사의 편파성을 이슈화한 '혜화역 시위'까지 이어졌습니다. 혜화역 시위는 애초에 남성뿐 아니라 기성세대 여성도 배제했지만, 이후 '생물학적 여성'을 모두 포괄하는 방식으로 변화했습니다. 여섯 차례에 걸쳐 시위가 꾸준히 진행되었을 뿐만 아니라 매회 시위 규모가 계속 증가하면서, 대한민국 페미니즘 시위 또는 여성 시위에 한 획을 긋는 사건이 되었습니다.

청년 여성들이 페미니스트 대중을 이루며 스스로 시민적 공론장을 열어 가는 과정은 이렇게 특히 '남성의 디지털 사용'에 대한 '공포'를 통해 견인되었습니다. 반면 이 과정에서 부당하게 자신들이 '일베'나 '성폭력범'과 동일시된다는 '억울함'을 호소하면서, 이번에는 청년 남성들이 결집합니다. 청년 여성과 달리 이들의 결집은 온라인 발화로만 확인되는 '소극적'인 것이었습니다. 그런데 (특히 보수) 언론과 정당에서 이들을 '이대남' 집단으로 호명하여 이들의 '정치적 대리인'을 자처함으로써, '젠더갈등'은 오프라인 공론장의 핵심 의제로 떠올랐고 당사자 중 한편인 청년 남성들은 자신들이 요구하지 않은 '대리 정치' 의 대상으로 전락했습니다.

　　말하자면 청년 여성들이 페미니스트 풀뿌리 대중을 이루 며 공론장을 주도하는 정치적 주체로 성장했다면, 청년 남성들 은 기성정치의 보호막 뒤에서 정치적 동원의 객체가 됨으로써, 선거에서는 승리했지만 공민으로서는 패배한 것입니다. 청년 남성들은 자신들의 정치적 목소리로 공론장에 참여하는 '민주 주의' 방식이 아니라, 자신의 목소리를 기성 정당에 맡기는 길 을 택했습니다. 마치 조선 유교 정권에서 사대부와 백성의 관계 와 같은 정치적 관계로 후퇴한 것입니다.

　　그렇다면 온라인의 대립 구도는 왜 갑자기 '성 대립' 쪽 으로 바뀐 걸까요? 이것은 느닷없이 일어난 천재지변과 같은 것이 아니라, 명확하게 축적된 역사를 지닙니다. 일종의 '숙성 된' 갈등입니다. 애초에 온라인 공간의 대다수 이용자는 청년 남성들이었습니다. 그런데 김영삼 정부 이후 민주화운동의 주 체였던 페미니즘 세력이 정부에 진입하면서, 차츰 양성평등 정 책들이 수립되었습니다. 특히 1999년 군가산점제가 폐지되었 는데, 이후 '국가 페미니즘'에 대한 젊은 남성들의 불만이 커졌습니다. 이들은 온라인 공간에서 여성 비하나 여성가족부를 조롱하는 방향으로 자신들의 불만을 표출했습니다.

게다가 한국의 디지털 산업은 게임 산업을 중심으로 발전했는데, 그 대다수 소비자 역시 청(소)년 남성들입니다. 2011년 이명박 정부에서 '게임 셧다운제'가 시행되었는데, 이를 계기로 주무 부서인 여성가족부에 대한 남성 청(소)년의 혐오가 극도로 커졌습니다. 그리하여 여성을 성적으로 과장한 게임 영상이 오프라인 광고 등을 통해 공공연히 전시될 뿐만 아니라, 이제 여성가족부에 대한 조롱과 악의적인 가짜 뉴스가 온라인을 통해 초등학교 남학생에게까지 유포되는 상황이 만들어졌습니다. 이렇게 여성 혐오 표현들이 온라인의 흔한 상투어로 자리 잡고, 컴퓨터를 사용하는 한 그것들을 피할 방법이 없어졌습니다.

그런 온라인 현실에서 '일베' 사이트의 언어 장악력이 점점 커져서 여성 혐오 표현들이 방송에까지 진출하게 됩니다. 여성 혐오 표현의 사용은 현재 청년세대 남성들만의 고유한 특성은 아닙니다. 그러나 유교의 남아 선호 문화에서 자란 기성세대 여성들은 또래 남성들의 여성 혐오 발언을 그냥 '그러려니' 하고 참아 줬습니다. 그런데 이제 여성들이 변화한 것입니다. 변화가 청년 여성들로부터 시작되었는데, 그 계기는 '메르스 갤러리'였습니다.

메르스 첫 확진자가 홍콩을 다녀온 여성이라는 추측성

기사가 보도되며 온라인에서 여성 혐오 발언이 쏟아졌고, 그에 대한 대응으로 2015년 5월 메르스 갤러리 게시판이 만들어졌습니다. 이후 첫 확진자가 남성이며 이미 여러 병원을 들렀다는 기사가 나오면서 '메갈리아'라는 말이 합성되고 혐오 표현의 미러링이 시작되었습니다.[3] 이렇게 여초 커뮤니티에서도 혐오 표현을 ('반사적으로') 사용하는 관행이 시작되었지만, '워마드'에 이르면 언어적 조롱의 수준을 넘어 불법 촬영과 범죄 선언을 미러링하는 식으로 한층 과격해졌습니다.

　　한국에서 17세기 중반 이후 유교 가부장제가 일반화하고 여성 비하의 관행들이 일상화했지만, 메갈리아 이전까지 여성들은 보통 그것을 감내했습니다. '남자는 어린애와 같으니 성숙한 여자가 참아야지' 하는 식이었습니다. 그런데 이제 공개적인 방식으로 '비하에는 비하로' 대응하는 '동등성'이 출현한 것입니다. 이것이 '메갈리아'라는 단어와 함께 시작되었으므로, '메갈리아'는 남성이나 일반 기성세대 여성에게는 '어이없음'의 기표로 청년 여성에게는 '완전한 동등성'의 시작으로 받아들여졌습니다.

2강 _____

한국에서
청년세대의
반권위주의 2

: 온라인 게임문화와 세계관

1. 남성 온라인 게임문화와 극단적 '남성 소비자 정치'의 등장

1990년대에 '공정성' 논의와 관련하여 '게임이론'이 유행한 적이 있습니다. 신고전주의적 공정성 개념을 주장한 고티에가 그런 대표적 논자입니다. 게임이론의 '합리적 선택' 개념은 베버의 '행위 사회학'적 개념과는 다릅니다. 베버는 방법론적 개인주의에서 출발합니다. 따라서 베버의 경우 그것은 개인의 독자적 선택입니다. 그러나 게임이론에서 합리적 선택의 상황은 다릅니다. 개인의 선택 결과가 타인의 선택에 연동되므로, 합리적 선택은 타자의 선택 가능성을 고려하는 계산 행위를 포함합니다. 그러나 이런 상황은 공동체 관계와 같은 것이 아니라, '게임' 상황입니다. 상대가 감춘 수를 읽어서 나의 이익을 최대한으로 끌어올려야 하는 것입니다.

'죄수의 딜레마'는 게임이론에서 가장 유명한 사례입니다. 거기서는 롤스의 사회계약론과는 다른 방식으로 '사회적 협동'의 합리성을 설명합니다. 선택의 행위자들은 모두 공범인데 각자 다른 취조실에 격리되어 심문받습니다. 여기서 각 죄수는 다른 공범이 어떤 선택을 할지 모르는 불확실성 속에서 선택합니다. 그런데 이런 상황에서는 각자 어떤 선택을 해도, 선택의 결과는 최고의 이익을 보장하지 못합니다. 최고의 이익을 보장하는 선택은 상호 협동뿐이라는 것입니다.

물론 고티에의 신고전주의적 공정성 개념에서는 죄수의 딜레마가 중요하지 않습니다. 고티에의 행위자들은 공범 관계가 아니라 적대적 이익 추구의 관계에 있기 때문입니다. 죄수의 딜레마 상황에서 게임은 제로섬 게임이 아니지만, 고티에의 공정성 게임은 총량이 주어진 상태에서 각자 자기 몫을 최대한 확보해야 하는 제로섬 게임입니다. 개인 간 시장 관계를 제로섬 게임으로 보는 고전 경제학에서는, 가장 효율적인 배분이 결국 가장 공정하다고 설명합니다. 경제 효율성이 생산성 향상을 가져오기 때문입니다. 한편 롤스는 이런 '성장'의 결과에서 출발합니다. 경제 성장으로 증가한 부를 어떻게 분배하는 것이 공정한가를 묻는 것입니다. 즉 롤스의 정의론은 '협동에 의한 성장

증가분'의 공정한 분배에 관한 것입니다.

　　디지털화와 함께 한국의 청(소)년들은 대부분의 여가를 디지털 공간에서 보냅니다. 대면 상황에서조차 디지털 기기를 사용합니다. 청년층에서는 사회적 관계를 아예 디지털 공간 속의 관계로 대체하기도 합니다. 소위 '은둔형 외톨이'는 디지털화한 사회 특유의 새로운 현상입니다. 디지털 관계에 익숙해지면 대면 관계에서 작동하는 '규범적 기대(적절한 행위를 눈치껏 행하기)'가 부담으로 느껴집니다. 예를 들어 코로나19 팬데믹 이후 젊은 층에서 '전화 공포증'이 확대되는 것이 한 사례입니다.[4]

　　2003년의 한 연구보고서에서는 한국에서 온라인 게임이 급속히 확산한 배경으로 외환 위기를 꼽았습니다.[5] 대량 실업을 양산한 외환 위기 이후 퇴직자들이 소자본으로 가능한 PC방 사업을 시작하면서부터라는 것입니다. 때마침 정보화가 경제 위기 극복을 위한 국가적 과제로 장려되었고, 갑작스러운 취업난으로 스트레스를 받던 청년층이 온라인 게임의 수요층으로 부상했다는 것입니다. 특히 청년 남성에게 온라인 게임은 '가성비'와 '또래로부터 인정받기'를 의미한다고도 합니다.[6] 이후 인터넷 전용선 보급이 확산하면서, 온라인 게임의 장소와 도구가 'PC방 PC'에서 '개인 디지털 기기'로 바뀝니다.

　　온라인 게임은 대학생·고등학생보다는 중학생이, 그리고 여성 청(소)년보다는 남성 청(소)년이 훨씬 많이 한다고 알려져 있습니다. '게임 셧다운제'로 여성가족부가 청(소)년층 남성들의 공공의 적이 된 것도 그런 이유입니다. 2001년 김대중 정부 때 '여성부'로 출범하여, 2005년 노무현 정부에서 '여성가족부'로 개편, 2008년 이명박 정부에서 폐지될 뻔하다가 '여성부'로 축소된 후 2010년 다시 '여성가족부'로 돌아온 여성가족부는, '셧다운제' 이후 남성 청소년의 여가를 감시하는 악법 기관으로 지목되어 '남성 억압'의 상징이 되었습니다. 2021년 문재인 정부에서 셧다운제를 폐지했지만, '여성가족부 폐지'는 차기 대통령 선거 결과를 좌우하는 핵심 의제가 되었습니다.

한국 청년층의 젠더갈등에서 인터넷 게임 기업과 문화는

개인화와 소비자 정치

• 벡: 위험사회의 소비자 정치

  - 산업사회의 생산자 중심 정치(=계급정치)와 구분
  - 탈물질주의적 '삶'의 정치
  - 개인화한 형태의 정치

• 한국 청년 남성: 온라인 개인주의, 반페미니즘적 소비자 정치

  - 오프라인 개인주의의 제한성: 제도화한 규범과 충돌
  - 온라인 게임: 청소년 남성의 대표적인 개인주의적 여가 활동
  - 메갈리아 혐오, 여성가족부 혐오를 매개로 온라인 결집

매우 중요한 의미를 지닙니다. 사업자뿐만 아니라 게임 수요자들 역시 남성이 대다수인 까닭에, 게임 영상들에서 여성 캐릭터의 과도한 노출과 성적 강조는 새삼스럽다고 할 수도 없습니다. 그러나 청년 여성들의 페미니즘 감수성이 자생적으로 커지면서, 그런 게임문화에 대한 청년 여성들의 반발이 일어나고 게임 기업 여성 종사자가 개인적으로 페미니스트임을 표현하는 일이 일어났습니다.

문제는 남성 사용자들이 여성 게임 기업 종사자의 페미니즘 성향을 문제 삼아 소비 거부 운동을 펼쳤다는 것입니다. 일종의 '남성 청년 소비자 운동'인데, 그 운동의 대상이 여성 종사자의 페미니즘 성향이라는 지극히 사적인 문제였다는 것입니다. 남성 소비자들이 여성 종사자의 개인적 성향과 표현을 그처럼 공적 이슈로 만든 이유는, 그런 표현이 일베의 정치적 극우주의와 별반 다르지 않다고 보았기 때문입니다. 즉 청년 여성 페미니즘의 간판이 된 메갈리아가 '반사적 목적이든 뭐든' 일베의 표현을 사용하므로, 그 역시 일베와 다름없는 혐오 세력이라고 규정한 것입니다.

이처럼 '페미니즘=메갈리아=여자 일베'라는 단순한 도식이 생겨나고 확산하며 '반페미니즘' 정서가 형성되었습니다. 그리하여 그것은 기존에 온라인 남초 커뮤니티들을 갈랐던 '좌/우'의 경계마저 해소하며, 빠른 속도로 청년 남성들은 일체화했습니다. 반페미니즘 정서의 자기장 속에서, '20대 남성'의 초정파적 결집이 이루어진 것입니다. 그리하여 정의당 당원이나 〈시사IN〉 구독자 등 '진보' 청년 남성들 역시 공공연한 반페미니즘 목소리를 내고,[7] '진보' 청년 남성들 사이에서도 이제 여자 일베가 일베보다 더 중차대한 혐오 세력이라는 목소리가 우세하게 되었습니다. 한편 이런 일련의 온라인 사태들을 지켜보면서 기업, 언론, 정치권은 그때그때 '더 큰 목소리 편들기'로 우왕좌왕하며, 젠더갈등을 부채질했습니다.

2. 남성 지배적 놀이문화: 게임, 재미, 능력주의

'재미'라는 열쇳말을 공유한다는 점에서, 인터넷 게임과 앞서 본 'B급 감성'은 공통점을 보입니다. B급 감성의 정치는 반일베, 반혐오주의의 '진보' 정치를 'B급 마초들의 재미난 정치 놀이'로서 수행했습니다. 'B급 마초'란 마초를 흉내 내는 찌질한 남자로, 자기의 성기가 (실제로는 그렇지 않지만) 크다고 허풍을 떠는 외설적인 캐릭터입니다. 이렇게 B급 감성의 정치에서 상대편에 대한 성적 농담과 조롱은 중요한 역할을 했는데, 그 과정에서 여성의 성적 대상화를 피해 가기는 쉽지 않았습니다.

그럼에도 진보 정치의 이 새로운 놀이터에서 남성은 자

신의 B급 성기를, 여성은 성적 대상화 프레임을 기꺼이 감수하며 함께 어울렸습니다. 그러다 결국 특정한 사건을 계기로 남녀 지지자 간에 갈라서기가 시작되었습니다. 남성들에게는 B급 성기가, 여성들에게는 여성의 성적 대상화 프레임이 더 이상 감수할 수 없는 문제로 느껴지기 시작한 것입니다. 그리하여 청년 남녀 간에 'B급 감성 정치의 연대'가 깨지게 됩니다.[8]

그런데 몇 년 후, 온라인 진보 남성들이 한때 B급 정치의 놀이터에서 스스로 동일시했던 '작은 성기의 찌질이' 이미지를 메갈리아가 온라인 마초를 공격하는 미러링 수단으로 사용하자 분위기는 완전히 반전되었습니다. GS리테일의 '남성 혐오 마케팅' 논란에서 시작해 이후에도 몇 차례 문제가 되었던 집게손 이미지가 바로 그것입니다.[9] 메갈리아의 언어 반사 전략이 '한국 여성'에 대한 무차별적 혐오 표현(김치녀)에 대한 반사였으므로 그것의 대상은 소위 '한남(한국 남성)'이었고, 그런 '성적 조롱'을 계기로 좌/우로 갈려 있던 청년 남성들이 하나의 '정체성'으로 뭉치게 된 것입니다. 이것은 이후 〈시사IN〉 특집기사를 통해 '이대남(20대 남성) 정체성'으로 불리게 됩니다.[10]

얼마 전까지 '진보/보수'로 대립하던 청년 남성들 내부의 정치적 대결은 이렇게 순식간에 '성별 정체성(남성성) 정치'로의 통일을 통해 해소되었습니다. 또한 이 과정에서 오프라인 현실에 영향력을 행사하는 정치적 투쟁 방식 역시 청년 여성들과는 다르게 형성됩니다. 개별 청년 여성 목소리들의 단순한 집합체인 '디지털 페미니즘'이 강남역 시위와 혜화역 시위 등을 통해 주체적으로 '오프라인 공론장'의 고전적 정치 참여로 연결되었다면, 청년 남성들은 '반페미니즘 남성 소비자 운동'이라는 '군중적 사상 검증 요구'의 방식을 고수하고 있습니다.

그런데 청년 남성들의 이처럼 '개별화'한 '군중적 결집' 방식에는, 그들의 온라인 문화가 크게 작용하고 있습니다. 인터넷 게시판 문화에서는 '친목질 금지' 규범이 지배적입니다. 이것은 '악플'문화만큼 중요하다고 합니다.[11] 청년 남성들이 애용하는 '나무위키'의 설명에 따르면, 친목질은 "옳지 않은 친목 행위를 뜻하거나 이를 비하하는 단어로, 공동적인 집단이 내부 친목 집단에 의해 사유화되는 것"[12]을 말합니다. 이처럼 친목질로 인한 게시판의 '사유화'가 문제인 것은, 그것이 게시판 약화 또는 소멸의 지름길이기 때문입니다.

'나무위키'에 따르면 개인주의가 강한 영어권 커뮤니티에서는 친목이 배타적으로 작용하는 경우가 거의 없지만, 개인주의가 약한 한국문화에서는 친목이 친목질로 변질될 가능성이 크다고 합니다. 이처럼 '친목질'이라는 낱말 자체가 이미 청년 남성층의 개인주의 문화 지향성을 보여 줍니다. 여기에 '능력주의' 원칙 또한 강조되는데, 그것은 친목질로 인한 (추천 수 및 댓글 '자원' 확보의) 이권 형성과 반대되는 '공정성'의 원칙을 말합니다. 커뮤니티에서 추천과 댓글이라는 자원의 확보는 집단주의적 친목질이 아니라 개인의 능력에 따른 결과여야 한다는 것입니다.[13]

한편 온라인 백과사전인 '위키백과'에서 '키보드 워리어'라는 단어를 치면 '같이 보기' 항목의 '사이버 공간'으로 디시인사이드와 같은 커뮤니티 사이트 이름뿐만 아니라 루리웹, e스포츠, 1인 슈팅 게임, MMORPG라는 이름들이 뜹니다.[14] 루리웹은 비디오 게임을 주로 다루는 한국의 인터넷 커뮤니티이고, e스포츠는 인터넷 게임 시합, 1인칭 슈팅 게임은 비디오 게임, MMORPG는 대규모 다중 접속 역할 수행 게임을 말합니다.

공정성: 온라인의 놀이 규칙

- 온라인 흥행의 '공정성'
  - '친목질 금지': 커뮤니티 유지를 위한 원칙
  - '능력주의': 흥행 자원의 공정한 분배 원칙
  - 흥행의 목적: 재미 생산, 주목 받기
  - 인터넷 흥행의 경제: '관종 경제'(관심 끌기)
  - 인터넷 '관종 경제'의 자원: 타인의 관심과 인정
  - 인터넷 '관종 경제'의 정치학: '재미'의 정동 정치(↔근대 자유주의 정치의 '생산 합리성')

'나무위키'에 따르면, '키보드 워리어'라는 말은 디시인사이드의 '격투기 갤러리'에서 유래했다고 합니다. 거기서 "온갖 찌질이들이 저마다 자신이 믿는 격투기와 격투가를 지상 최강으로 만들려고 비교하여 서로" 말싸움을 벌였다고 합니다.[15]

앞서 말한 '위키피디아' '같이 보기'에 열거된 커뮤니티 이름 8개 중 절반인 4개가 왜 게임과 관련된 것들인지는 설명되어 있지 않습니다. 따라서 어떤 연관성을 말하려고 했는지 정확히는 알 수 없지만, 근거가 불분명한 주장으로 온라인 편을 짜서 말싸움 장난을 하는 데서 유래한 '키보드 워리어'가 게임 워리어들과 여러모로 유사한 방식의 '싸움 놀이'를 한다는 것은 짐작할 수 있습니다. 예를 들어 혼자 단말기 앞에 앉아 싸우고, 상호 간 인터넷으로만 연결된다는 것, 특정 주장이나 캐릭터(정체성)를 매개로 싸우고 즐기며 이기려고 한다는 것이 같습니다.

이처럼 철저한 익명의 말싸움 상황은 독특한 세계관을 가능하게 하는데, 그것은 게임에 임하는 모든 사람의 동등성을 가정한다는 것입니다. 여기서 동등성이란, 모두 하나의 '개인' 자격으로 오직 자기의 '능력'으로만 승패를 가른다는 것입니다. 즉 '익명의 개인'이라는 존재 형태가 곧 평등을 의미한다고 보는 것입니다. 이것은 고전 경제학에서 말하는 '시장의 익명성'과 매우 유사한 설정입니다. 시장에서는 모든 사람이 수요자, 공급자 역할로만 등장하므로 고전 경제학에서는 그 출발선이 동등하다고 봅니다.

반면 시장 상황과 명백히 다른 점도 있습니다. 시장의 수요와 공급은 재미나 가상이 아닌 실제 필요와 연결되어 있습니다. 시장에서 교환되는 물자는 누구에게나 보편적으로 필요한 '기본 재화'(롤스)이지만, 그 공급이 유한합니다. 반면 게시판 말싸움과 게임의 목적인 재미 또 그것들을 통해 분배되는 '자원'(추천 수, 댓글, 아이템, 승리의 만족감)은 그와 같은 기본재화가 아닙니다. 거기서는 분배되는 '자원'과 관련하여, '생존'을 위한 절대성과 객관성은 중요하지 않습니다. '자원'의 분배는 심리적·주관적 세계와 관련되어 있고, '능력'의 목적 역시 승리라는 주관적 만족감의 달성입니다.

물론 현대의 금융 중심 경제에서는 심리적 움직임이 시장의 현실을 만든다고 합니다. 따라서 주식이나 코인 투자가 어쩌면 그런 점에서 청년층과 더 친화적인지도 모르겠습니다. 시장과 심리적 영역의 관련성에 대해서는 19세기 독일 사회학자 짐멜이 『돈의 철학』에서 설명한 바 있습니다.[16] 거기서 짐멜은, 돈이 초창기에는 개인들을 '주체'로 만들어 전근대적 사회관계로부터 해방하지만, 일정 정도 지나면 오히려 개인의 심리적 욕망을 생산함으로써 그들을 지배하는 '철학'을 갖는다고 했습니다. 예를 들어 짐멜이 주목했던 근대적 현상인 '유행'은 개인의 자유로운 시장 선택을 집단 추종적 선택으로 변화시킵니다. '돈의 철학', 즉 시장의 원칙은 개인 해방과 재종속의 변주입니다.

한국 청년 남성들의 '공정성' 관념에서 매우 중요한 계기가 된 온라인 공간의 '친목질 금지' 규범은 '주목받기 경쟁'의 '개방성' 보장을 위한 것입니다. 앞서 본 표현대로 온라인 공간에서 '자원'이 분배된다면, 거기서 생산되고 유통되는 '자원'은 바로 '주목받기'입니다. 그 생산과 분배의 과정에서 '개방성'이 강조되므로, '친목질 금지'는 일견 자유주의적이고 개인주의적으로 보입니다. 그러나 거기서 유통되는 재화의 성격을 생각하면 이야기는 달라집니다.

'주목받기'란 곧 추종자를 만드는 것입니다. 물론 추종자들은 합리적 판단에 근거하여 추종을 선택할 수도 있습니다. 그러나 앞서 보았듯이 온라인의 주목받기는 '근거 없는 주장'을 결집하여 그 세 과시를 통해 승리하는 '부족적' 경쟁 방식을 따릅니다. 여기서 '추종'의 합리성은 그 목적이 '재미'로서만 정당화되는 도구적 합리성입니다. 이 '주목받기' 시장은 단순히 재미를 공유하기 위해 '가상의 사실'들을 생산하는 '관종 경제'의 공간인 것입니다.

앞서 '친목질 금지'가 서구 개인주의 문화 지향성을 보인다고 했는데, 이제 그 문제에 대해 좀 더 생각해 볼 필요가 있습니다. 근대 자유주의가 정당화한 개인주의는 짐멜이 말한 해방적 주체에 더 가깝습니다. 고전 경제학자인 애덤 스미스의 개인조차도 시민 도덕이라는 '공적 감각'을 탑재한 개인입니다. 그렇다면 디지털 관종 경제에서 '시민 도덕' 정도의 공적 감각이라도 작동하고 있을까요?

청년 남성들의 공정성 개념이 신자유주의적이라는 비판이 많은데, 여기서 그에 대한 제 의견을 말하겠습니다. 그들의 공정성 개념이 온라인 공간의 '주목받기' 세계관과 불가분의 관계에 있다면, 그것은 고전적 자유주의나 신자유주의와도 완전히 일치하지는 않습니다. 그것은 '풍요' 생산의 목적을 갖지도 않고, 기혼 여성의 능력까지 포괄하는 '신자유주의적 능력주의'에도 반대합니다.

오히려 그것은 산업혁명 직후 여성과 아동을 노동시장의 경쟁자로 만든 산업화에 맞서 기계파괴운동을 벌인 남성 수공업자들의 집단적 지위 의식과 유사합니다. 또는 근대적 시민 공론장이 형성되는 시기, 여성을 남성 개인의 사적 가정 영역으로 유폐하고 남성이 공공성을 독차지했던 현상과도 유사합니다. 여성을 개인 남성의 '사적 존재'로 규정한 것은 자유주의적인 현상이지만, 기계파괴운동은 근대화에 역행하는 반동적인 움직임입니다. 따라서 청년 남성들의 공정성 개념이 신자유주의와 완전히 일치한다고만 볼 수는 없습니다.

한국에서 디지털화를 통해 새롭게 '가상 공론장'이 형성되면서, 온라인 '여성 혐오' 발언과 행위들로 남성이 그 공간을 지배하는 과정이 진행되었습니다. 이런 배제를 경험하며 '여초 커뮤니티'로 고립된 여성들이 온라인 남성 지배에 정면으로 도전한 것이 메갈리아의 '반사 전략'입니다. 마치 과거 서구의 여성 참정권 운동에서처럼, 여성들이 온라인 공공성에의 동등한 참여권을 주장한 방식이 과격화한 것입니다. 반면 청년 남성이 장악한 온라인 공간의 지배적 규범이 된 '재미의 개인주의' 문화는, 서구 근대 공론장 형성기의 '공적 개인주의'를 '근대적 이성'으로 정당화한 방식과는 명확히 구별됩니다.

3강 _____

한국에서
청년세대의
반권위주의 3

: 청년 여성의 자생적 페미니즘

1. 한국 페미니즘의 세대교체: '올드 페미니즘'-'영 페미니즘'-'자생적 페미니즘'

앞서 보았듯이 '산업화 성공으로 풍요가 구가되던 사회에서 일어난 청년운동'이라는 공통점 때문에, 서구의 68세대와 한국의 민주화운동 세대는 곧잘 비교 대상이 됩니다. 그러나 한국의 민주화운동 세대는 '정치' 이외 영역의 조직과 행위 규범에 대해서는 탈권위주의적 변화를 요구하지 않았습니다. 산업화 확대와 대학 졸업정원제 실시로 대표적인 '개천의 용' 세대가 된 그들은, 오히려 17세기 후반부터 이어진 '온 나라 양반 되기'의 풍조를 계승하는 쪽이었습니다.[17]

    따라서 그들이 새로운 기성세대가 된 현실 공간에서, 이들은 이제 막 청년기에 돌입한 새로운 세대의 매우 이질적인 문화와 대립하게 됩니다. 새로운 청년들은 정치 영역에서의 탈권위주의로 만족하지 못하고 직장과 생활에서도 탈권위주의를 요구하거나 수행했습니다. 그러나 민주화 세대의 관점에서 이들의 한층 확대된 탈권위주의 주장은 '알 수 없는(X) 세대'의 '일탈문화'로 여겨질 뿐이었습니다. 소위 X세대에게 처음으로, '양반 되기'의 전통적 욕망보다 '부르주아 되기'나 '근대적 시민 되기'의 개인주의적 욕망이 표출되었기 때문입니다. 그러나 민주화 세대에게 이것은 '탈근대주의'적이거나 '신자유주의'적인 현상으로만 생각되었습니다.

    새로운 청년층에서 드러난 탈권위주의적 요구는 특히 집단주의 조직문화에 대한 것이었습니다. 예를 들어 직장 상사가 퇴근하지 않았는데 혼자 말도 없이 '칼퇴근'을 한다든가, 미리 양해를 구하지도 않고 회식에 불참하는 식의 행동들이 생겨났습니다. 그러나 기성세대의 기대에 어긋나는 이런 개별 행동들은 본격적인 문화운동의 형태로 결집하거나 진지한 공론화로 이어지지 못했습니다. 아마도 여기에는 연이어 닥친 외환 위기가 크게 작용했을 것입니다. 그러나 이 시기 한국 페미니즘에서는 확실한 방향 전환이 나타났습니다. 그때까지는 민주화운동의 일환이었던 '청년 페미니즘'이 '반성폭력 운동'으로 방향을 틀었기 때문입니다.

사실 1980년대에 이미 '성폭력'과 같은 '급진 페미니즘'의 의제들이 한국에서도 공론화되었습니다. 그러나 당시까지 그것을 공론화한 주체는 전문직 중심의 소수 지식층 여성이었습니다. 그런데 1990년대에 이르면 반성폭력 운동의 주체가 여대생 중심으로 확대됩니다. 기성세대 페미니즘이 가부장적인 '제도'를 주 과녁으로 삼았다면, 이제 대학의 새로운 여학생 운동은 가부장적 '문화'나 여성의 몸을 대상화하는 '관점' 등 일상적 태도와 관행들을 문제 삼게 됩니다.

이런 변화에는 정치 민주화를 향한 공조 속에서 가부장적 제도 변화에 대한 요구를 지지했던 민주화 세대 남성들의 성차별적 일상문화에 대한 경험이 상당한 작용을 했습니다. 이런 점에서도 이 '영 페미니즘'은 서구의 '급진 페미니즘'과 유사성을 지닙니다. 그리하여 '운동권 성폭력'을 의제화하며, '영 페미니즘'은 '사생활 관계 속의 성폭력'이라는 서구 '페미니즘 제2의 물결' 쪽으로 한층 가깝게 이동했습니다. 이렇게 당시 청년 여성들은 정치의 탈권위주의화라는 '구사회운동'의 흐름을 생활의 탈권위주의화라는 '신사회운동' 방향으로 연결한 주요 세력이었습니다.

당시에 이미 온라인 공간이 확대되고 있었으므로, '영 페미니즘' 역시 온라인 공간 속에 자리를 잡았습니다. 그러나 그것은 현재 우리가 알고 있는 '디지털 페미니즘'과는 매우 달랐습니다. 이들의 온라인 페미니즘 공간은 지금처럼 여성들이 대다수인 '여초 커뮤니티'에서 페미니즘 이슈가 상황적으로 부각되는 방식의 '자생적 페미니즘' 공간이 아닙니다. 오히려 페미니즘을 목적으로 의도해서 만들어진 공간입니다. 당시의 영 페미니즘은 대학교 여학생 운동 중심으로 활동했다는 점에서, 주체나 조직 측면에서는 현재의 청년 페미니즘보다 오히려 1980년대의 여성운동과 더 가깝습니다.

여성 청소년과 소비자들의 일상적인 온라인 커뮤니티가 페미니즘을 비롯한 사회정치적 의견 표출의 장으로 등장하

올드 페미니즘과 영 페미니즘

- 한국 민주화 세대 남성의 특성: '비동시적인 것의 동시성'

  - 정치적 단절 추구: 서구 민주주의 정치 제도 달성
  - 생활문화의 유지: '개천의 용' 출세 지향성, 양반 되기(온 나라 제사 열풍), 조직 위계에 순응

- 여성의 탈권위주의 요구: 페미니즘의 세대 변화

  - '올드 페미니즘': 양성 간 구조적 불평등 강조
  - '영 페미니즘': 반성폭력, 반가부장적 문화운동

게 된 계기는 2008년의 광우병 촛불시위입니다. 그전에도 여성 청소년들이 온라인을 통해 촛불집회를 주도해서 '촛불 소녀'라는 낭만화된 신조어가 생겨나기도 했습니다. 그러나 '유모차 부대'라는 말이 나온 2008년 촛불집회를 계기로, 이후 온라인 여초 커뮤니티는 한국 정치의 중요한 참여자로 부상합니다. 그런데 2015년 메갈리아의 등장과 함께 여성들이 여성 혐오 표현을 미러링하면서, 또다시 당시 청년 페미니즘이 '영 페미니즘'과 구별되는 새로운 단계로 진입합니다. 이때부터의 청년 페미니즘을 '자생적 페미니즘' 또는 '디지털 페미니즘'이라고 부릅니다. 애초에 다른 용도로 개설된 커뮤니티가 페미니즘 공간이 되었고, 페미니즘의 중심 역시 온라인 공간으로 바뀌었기 때문입니다.

'나무위키'에는 디시인사이드 메르스 갤러리가 "여자판 일베저장소"가 되었는데, 그 이유는 거기서 "스토킹, 데이트 폭력, 여자친구 및 아내 살인, 염산 테러, 가정폭력, … 성매매 …, 성기 크기, 일베저장소를 위시한 남성 위주 커뮤니티 등을 주요 주제로 남성 혐오적인 서술을 도배하고" 있어서라고 쓰고 있습니다.[18] 그런데 여기서 메르스 갤러리의 미러링을 '여자 일베의 남성 혐오'라고 단언할 수 있을까요? 일베의 어휘를 사용했다는 사실 말고는 극우의 특징인 '약자 혐오'가 거기서는 나타나지 않았기 때문입니다. 일베의 극우 성향이 문제가 되는 것은 거기서 쓰는 어휘 때문만은 아닙니다.

　　과거 B급 감성 좌파의 온라인 공간에서는 이런 차이를 인지하고 있었기 때문에, 거기서는 남녀를 막론하고 성적 표현으로 정치적 조롱을 즐겼습니다. 일베보다는 완화된 표현을 선호했을 수도 있지만 성기 크기 놀리기와 같은 저급한 표현을 즐겼고 심지어는 그것이 '발랄함'으로 해석되었습니다. 그런데 이제 똑같은 성기 크기 조롱이 일베 급의 혐오주의로 인지되는 이유는 무엇일까요? 조롱의 주체가 조롱의 대상으로 바뀌어서일까요? 일베는 좌파들을 조롱하는 '다른 편'이고, 메르스 갤러리는 남성을 조롱하는 '다른 편'이라서, '다른 편'이라는 공통점이 문제인 걸까요? 그러나 이렇게 젠더갈등이 격화하는 가운데, 과거 '진보'를 지지했던 청년 남성들의 상당수가 우경화하고, 일베 반대의 정서는 오히려 약화했습니다.

　　일베의 조롱과 성적 말장난이 문제인 이유는, 그것의 목적이 조롱과 가학적 장난 자체이기 때문입니다. 즉 반인권적이기 때문입니다. 과거 B급 감성 정치에서 조롱과 장난의 목적은 반인권적 권력을 문제 삼는 것이었지만, 일베의 조롱과 장난은 반인권적 냉소주의의 표현이기 때문에 혐오 표현으로 인지되는 것입니다. 그렇다면 메르스 갤러리의 조롱은 무슨 목적을 갖는 것일까요? 그것을 명확히 해야, 메르스 갤러리의 조롱 미러링이 혐오 표현인지 아니면 권력 비판인지 판단할 수 있습니다.

- 2008년 광우병 촛불시위 이후 온라인 여성 소비자 커뮤니티 중심의 자발적 정치 참여 현상

  - 여성의 '소비자 정치' 대두

- 2015년 메르스 갤러리에서 '메갈리아' 페미니즘 등장

  - '미러링' 전략: 온라인에 떠도는 여성 혐오 표현을 되돌리는 언어 반사 전략
  - 디지털 '여초 커뮤니티' 중심의 자생적 페미니즘 출현
  - 서구 급진적 페미니즘과의 유사성: '대남성 투쟁' 분리주의

우선 메르스 갤러리에서 일베의 혐오 표현을 패러디하는 이유는 무엇일까요? 나무위키에서도 나열하고 있듯이, 그것의 목적은 '스토킹, 데이트 폭력, 여자친구 및 아내 살인, 염산 테러, 가정폭력, 성매매'라는 명백히 반사회적·반여성적인 폭력과 범죄의 문제를 드러내어 그것을 해결하는 것입니다. 즉 메르스 갤러리는 일베의 어휘들을 패러디해서 쓰지만, 일베와 같은 냉소주의 집단이 아님은 명백합니다.

그러면 냉소가 아닌 사회문제 해결을 목적으로 일베의 혐오 표현을 단지 '반사'했을 뿐이라고 해도, 메르스 갤러리는 왜 일베나 실제 성폭행 범죄자만이 아닌 '한국 남성'을 대상으

로 그렇게 했을까요? 사실 청년 남성들의 분노는 메르스 갤러리의 일베 표현 자체 때문만이 아니라, 그것이 '무고한' 자신까지 성폭행범 취급을 한다는 데에 있습니다. 나무위키에서 '남성혐오'라는 말이 표현하는 내용이 아마 이것일 것입니다. 결국 모든 '한국 남성'을 일베 취급한다는 데 대한 부당함과 억울함이 폭발한 것입니다.

그러나 앞서 보았듯이, 메르스 갤러리의 세계관이 냉소주의라고는 할 수 없습니다. 그들은 사회문제, 특히 (여성의) 인권 문제를 해결하겠다는 명확한 목적을 갖습니다. 조사를 해 보면 대부분의 남성들 역시 성폭력이 여성에게 심각한 위험이며 처벌받아 마땅한 범죄라는 데 동의합니다. 즉 메르스 갤러리의 목적은 사회적 합의의 수준에서 벗어나지 않았습니다. 다만 그들에게서 일말의 냉소주의가 확인되는데, 그것은 남성들을 문제 해결의 동지로 보지 않는다는 관점입니다. 즉 메르스 갤러리 이후 '자생적 페미니즘'의 냉소적 측면이자 과거 한국 페미니즘과 다른 특징은, 남성과의 연대를 신뢰하지 않는다는 것입니다.

그들이 남성에 대해 냉소적인 이유가 무엇인지를 알기 위해서 다시 앞에서 말한 질문으로 돌아가 봅시다. 메르스 갤러리는 왜 일베나 실제 성폭행 범죄자만이 아닌 '한국 남성'을 대상으로 미러링을 구사했을까요? 사실 '한남'이라는 일반화된 혐오 표현은 마찬가지로 일반화한 혐오 표현인 '김치녀(한국 여자)'에 대한 미러링입니다. 온라인에서 '한국 여자'가 '김치녀'로 조롱받는 것을 되받아친 표현입니다. 따라서 본인이 '김치녀'라는 표현을 사용한 적이 없거나 거기 동조하지 않는 남성이라면 굳이 '한남'이라는 표현에 울분을 느낄 필요는 없을 것입니다. 그러나 남성들은 그 단어가 '한국 남자'라는 일반화된 단어라는 이유로, 그것이 한국 남성을 모두 조롱한다고 느낍니다.

여성들이 남성과의 연대에 냉소적인 것은 '김치녀' 같은 여성 혐오 표현에 대해 남성들이 제재를 가하는 것을 일상에서 경험하지 못했기 때문일 것입니다. 조사해 보면 실제로 그런 표현을 싫어하는 남성들은 온라인 소통 속에서 제재를 가하기보다는 오히려 단순히 회피합니다. 어차피 자기 일도 아니고, 고려할 가치가 없다거나 시끄럽게 만들기 싫어서 등의 이유입니다. 그러나 실상 회피의 이유는 거꾸로 자신들이 여성 편을 드는 것으로 오인되어 온라인 또래 남성들의 제재를 받을 것을 예상하기 때문입니다.

말하자면 온라인 남성 또래 집단의 규범은 여성 편을 들지 않는 것, 즉 여성 혐오 표현을 사용하거나 묵인하는 것이라고 결론 내릴 수 있습니다. 남성들 일반이 이렇게 암묵적 동의를 한다고 느끼기 때문에, 여성들은 남성과의 연대를 기대하지 않는 것입니다. 그런데 온라인 남성 또래 집단의 규범이 잘못되었음을 알고 있으나 거기에 도전할 용기가 없는 개별 남성들은,

자신들의 '소심함'으로 인한 억울함을 잘못된 행동을 하는 또래 남성이 아니라 오히려 그 피해자인 여성에게 투사합니다. 이것은 '사회적 약자는 저항하기보다 순응해야 한다'는 전근대적 '신민' 의식이거나 근대적인 '차별'입니다.

2. 기성세대 페미니즘과 청년 여성의 '자생적 페미니즘' 간 단절과 연속

　　서구에서는 2차 대전 이전까지 시기의 페미니즘을 '제1의 물결'이라고 하는데, 이때는 남성과의 연대 또는 이념의 공유가 당연시되었습니다. 예를 들어 계몽주의적 시민권 주체에 여성을 포함하도록 자유주의 이념을 확대하는 일이나 노동계급 주체에 여성 노동자를 포함하도록 하는 일은 해당 이념의 논리적 귀결로 생각되었습니다. 한국에서는 대체로 2015년 이전까지의 여성운동이 그와 같은 '구페미니즘'의 특징을 보입니다. 산업화 시기의 가족법 개정 운동과 민주화운동 속의 여성운동, 정치 민주화 이후의 반성폭력 운동에서는 여성운동의 추진을 위해 남성과의 연대가 필요하다고 여겼습니다. 또 일상생활에서도 남성과의 전통적인 결혼 생활이 문제시되지 않았습니다.

　　그러다가 1990년대 반성폭력 운동 세대인 '영 페미니스트'들부터 혼인을 거부하는 '비혼운동'이 시작되었고, 2015년 이후 여성 청년층의 '자생적 페미니즘'에서 '4B(비혼·비연애·비출산·비섹스)운동'이 확산하는 현상이 나타났습니다. 2차 대전 이후 서구의 페미니즘 '제2의 물결'에서처럼, '이성애 친밀성'이라는 '사적 관계' 속의 가부장제에 대한 저항이 시작된 것입니다. 그 전까지는 '사소한' 개인 심리의 문제 정도로 지나쳤던 '친밀성' 권력에 대한 이런 의제화는 '비혼'이라는 개념을 이해하기도 힘들던 '올드 페미니즘'에 상당한 충격을 안겼습니다. 이제 명백한 물리적 폭력(가정폭력·성폭력)뿐만 아니라 부계제 노동에서의 고통(명절 음식 준비), 심리적 억압이 페미니즘의 의제로 등장했습니다.

서구 '제2의 물결' 페미니즘에서는 당시 인권 운동이나 좌파 운동에서 여성이 남성의 사소한 보조적 지위(커피 타기 역할 등)로 주변화하면서, 그리고 성 해방 물결 속에서 임신의 부담을 홀로 떠안으면서, '친밀성의 가부장제'에 대한 급진적 문제 제기가 등장했습니다. 반면, 한국에서는 디지털화가 대 남성 투쟁이라는 '분리주의' 급진 페미니즘 태동의 핵심적 계기가 되었습니다.

1980년대의 민주화운동 때에도 그 내부에서 여성 역할의 주변화나 성희롱 사건 등이 없지는 않았습니다. 그러나 당시의 여성운동에서 그것은 '친밀성 관계'의 내밀한 가부장제 문제로까지 연결되지는 않았습니다. 당시까지는 성관계가 여전히 혼인의 제도적 틀과 강하게 결합한 '도덕적 금기'의 영역이었기 때문입니다. 이후 '영 페미니즘'에서 '비혼 운동'이 시작되었으나, 이것이 실제 영향력을 획득하기까지는 차세대의 '디지털 페미니즘'으로 국면 전환이 필요했습니다. 디지털 공간은 두 측면에서 '제2의 물결'식 급진 페미니즘을 촉진할 계기가 되었습니다. 하나는 디지털 성폭력이 더 이상 직접적인 물리적 폭력의 형태로만 제한되지 않는다는 것이고, 다른 하나는 디지털 공간에서는 성적 친밀성 문제가 '사적 관계'의 문제로만 머물지 않는다는 것입니다.

먼저, '디지털 성폭력'은 일차적으로 언어와 이미지를 매개로 한 '정보 소통'의 문제입니다. 그러나 그것은 실제 물리적 폭력과 긴밀한 연결성을 지닙니다. 따라서 개별적인 물리적 폭력 사건만을 일일이 찾아내 문제 삼는 데 그칠 수 없고, '친밀성 소통'과 관련된 문화 전반 및 그것이 실제 폭력으로 연결되는 구조를 함께 문제 삼을 수밖에 없습니다. 또 디지털 소통은 성 문화 역시 획기적으로 변화시켰습니다. 익명의 아노미적 디지털 공간에서 성적 소통이 이루어지고 그것이 실제 관계 맺기와 함께 진행되면서, 보수적이던 한국의 성 문화가 급속히 바뀌었습니다. 서구 68운동에서와 달리 성 해방이 사회제도에 대한 반권위주의적 실험으로 의도적으로 수행되기보다는, 디지털화로 인해 자유, 일탈, 범죄가 뒤섞이는 형세로 변화했습니다.

그런데 디지털 공간의 지배적 사용자가 남성이고 앞서 보았듯이 규범적 제재가 오프라인과는 다른 방향으로 나타나는 디지털 공간의 권력 특성 때문에, 디지털 성문화의 가부장적 권력 불균형은 극단화되기 쉽습니다. 여러 유형의 성매매가 만연할 뿐만 아니라, 개인들 간의 '사생활' 관계마저 상품화되어 유통되기에 이릅니다. 근대적 '낭만적 사랑' 문화를 지탱했던 공/사 영역 구분이 저절로 파괴된 것입니다. 서구의 제2의 물결 페미니즘에서는 '사적 친밀성 폭력'을 방기하는 기제로서 공/사 구분의 경계가 비판되었습니다. 그러나 디지털화는 전혀 새로운 방식으로 사생활과 시장의 경계를 허물고 있습니다.

그리하여 디지털 관계에 익숙한 여성들은 성적 위협의 편재성이라는 새로운 위험에 놓이게 됩니다. 친밀한 관계든 익명의 관계든, 남성과의 관계에서 의심과 경계가 대폭 확대됩니다. 과거에는 유유상종의 '사회적 배경'이 그런 의심과 경계를 일정하게 거르는 역할을 한다는 믿음이 있었습니다. 그러나 이제는 같은 대학 선후배나 동료도, 애인도, 지인도 뒤에서는 불법 촬영이나 인물 합성(deepfake) 범행을 할 수도 있습니다. 남성 일반을 '잠재적 가해자'로 의심하는 것이 합리적인 조건을 만드는 것입니다.

근대 이후 진행된 '친밀성의 사적 제도화'를 이렇듯 송두

리째 뒤집는 디지털화는 한국 페미니즘의 역사에도 새로운 획을 그었습니다. 발전주의 산업화 이후 한국 페미니즘의 '단절과 연속'이라는 역동적 전개 과정은 '올드 페미니즘'과 현재 청년층의 '자생적 페미니즘'을 비교할 때 가장 잘 드러납니다. '영페미니즘'은 그 중간적 특성을 보이는데, 이것은 최근 한국의 '세대론'에서 586세대와 현재의 청년세대를 비교할 때와 유사합니다. 50대 이상 연령층의 올드 페미니즘은 '본인의 경험'에서 출발하는 당사자주의 관점이 아닙니다. 그들은 자유주의나 계급 평등 등 근대적 이념의 궁극적 완성형으로서 페미니즘을 이해했고, 그런 만큼 제도 변화에 전념했습니다.

한국 페미니즘의 단절과 연속

- '올드 페미니즘' 대 '자생적 페미니즘'
- 올드 페미니즘: 서구 '구여성운동(제1의 물결)'과 유사
- 자생적 페미니즘: 서구 '신여성운동(제2의 물결)'과 유사
- 연속: '구조적 불평등'과 관련된 권력과 지배의 문제 제기
- 단절:
  - '이념'의 완성(여성 포괄) 대 '당사자성' 표방
  - '제도' 변화 대 '행위자'의 변화 추구
  - '분배' 불평등의 구조 대 '규범적' 지배의 구조 강조

반면 현재 청년 여성의 페미니즘은 명백히 당사자주의를 표방하고, '나의 삶'에서부터 시작합니다. 그러면서도 그들은 같은 세대 남성들과 비교할 때 훨씬 더 '구조적 평등'에 대한 관심을 보입니다. 그들의 페미니즘 역시 이전의 페미니즘과 연속되는 것입니다. 그러나 그런 인식에 이른 경위가 다릅니다. 기성세대 여성들은 소수의 지식인 여성으로서 도덕적 책무감에 이끌렸습니다. '나'를 내세우기보다 약자로서 여성 일반을 대신한다는 '명분'을 중시하고, '여성'을 하나의 단일 범주로 보았습니다. 반면 현재의 청년 여성들은 '내가 직면한 삶의 위험' 앞에서 나 개인의 무력함을 통감함으로써 페미니즘에 이르렀습니다. 따라서 이들은 당사자의 '참여'를 강조하고, 여성 당사자들의 다양성을 한층 당연시합니다.

서구와 비교할 때 기성세대의 올드 페미니즘이 서구의 '구사회운동'과 비교된다면 청년 여성 페미니즘은 '신사회운동'과 가깝습니다. 그런 의미에서 '나의 삶'에서 출발하는 청년 여성 페미니즘은 기성세대 페미니즘보다 한층 '성찰적'입니다. 말하자면 현재 청년 여성들은 거시-미시의 관계를 훨씬 더 긴밀하게 봅니다. 이런 '성찰적' 경향은 현재 청년 남성에게서도 드러납니다. 예를 들어 기성세대 남성과 달리 청년 남성들은 또래 페미니즘을 제도나 구조보다 '나'에 대한 공격으로 여깁니다. 또 586세대에 대한 그들의 실망이나 환멸도 기성세대의 '내로 남불' 때문입니다.

　　기성세대 페미니즘이 '제3자의 눈'을 장착하고 지식인의 '책무'를 강조한다면, 청년세대는 '내 삶의 위험'에 대한 '불안'에 크게 좌우됩니다. 청년 여성들이 페미니스트가 되는 이유는, 디지털 시대 '젠더 위험'의 편재성 때문일 것입니다. 여기에는 성폭력과 온라인 여성 혐오의 언어적 지배라는 디지털화의 문제만이 아니라 노동시장에서 좁혀지지 않는 젠더 격차라는 오프라인 불평등 역시 포함됩니다. 스스로 생존을 책임져야 한다는 개인의식이 강한 청년 여성에게 노동시장 격차의 의미는 기성세대 여성과는 다르게 느껴질 수밖에 없습니다. 따라서 기성세대 여성들과 달리 이들에게 페미니즘은 생존을 위한 돌파구이기도 합니다.

4강 _____

'루저' 남성성의 등장과 한국 청년 남성의 '생물학적 정체성' 정치

1. '일베' 사이트와 '루저' 남성성 정치의 등장

한국 사회가 산업화에 성공하여 OECD 가입 선진국이된 기쁨과 도취감에 빠지기가 무섭게 외환 위기에 직면하면서, 이후 빠른 속도로 신자유주의화가 진행되었습니다. 계급 협상의 경험이 제한되어 있어서 신자유주의화의 속도를 조절할 만한 장치들이 존재하지 않는 상황에서, 외환 위기는 대중 실업, 가족 해체, 중산층 붕괴, 일자리 해외 유출, 청년 실업 폭증, 거침없는 양극화를 초래했습니다. 2008년 세계 경제 위기를 계기로 그런 경향이 한층 확대되면서, 한국은 세계에서 가장 빠른속도로 불평등이 악화한 사회가 되었습니다.[19] 과거 고학력 청년들을 대거 흡수하여 '넥타이 부대'의 출현을 가능하게 했던 대기업 일자리들이 해외로 이전하고, 반복되는 구조 조정과 경력자 채용 선호 방식으로 신입을 위한 일자리 자체가 격감했습니다.

이런 상황에서 '청년기의 낭만'은 사라지고, 과열된 취직 경쟁이 초등학교 때부터 시작되는 학력 경쟁이 진행되었습니다. 극소수의 '좋은 일자리'를 뚫어야 하는 '바늘구멍 경쟁'이 정상이 되며, 근대적 '청소년기', 즉 시민적 자아의 성장을 위해 '둘러보기와 시행착오의 경험'을 쌓는 시기 자체가 소멸에 이르렀습니다. 독서 시장은 참고서와 자아 계발 도서로 정복되고, 친구 관계는 소셜 미디어와 게임으로 대체되고, 그 경쟁의 속도를 맞추기 힘든 많은 수의 청소년이 불행과 자살의 어둠 속으로 사라지고 있습니다.

청년들의 생존 기회가 이렇게 희소해지면서 자신의 성취에만 맹목적인 반사회적 태도가 은연중에 고무되고, '독하게 성공하기'가 인생의 유일한 가치로 칭송되는 전쟁 같은 시간이 이어지고 있습니다. 격화되는 사회경제적 양극화 속에서 이처럼 혹독한 경쟁의 경험들은 심리적 양극화 역시 초래할 수밖에 없습니다. '될 놈'과 '안 될 놈'이 미리부터 갈리고, 그에 대한 예감이 개인의 자의식을 지배하게 됩니다. 이런 심리적 위기는 특히 가부장적 문화에서 '기득권적 자아'로 기대되는 남자 청소년들에게 더 큰 충격이 됩니다. 윗세대들의 생활 속에서 경험한 가부장적 지위가 '자연스럽게' 여겨진다면, 그것의 상실은 '자연재해'처럼 여겨질 것입니다.

사회적 변화를 마치 자연재해처럼 느낄 때의 무력감은 '어차피 안 될 놈은 주제 파악부터 해야지'라는 새로운 '신민성의 도덕'으로 연결됩니다. 이것은 허무주의적이고 냉소적이며 되살아나는 '본분 귀속주의적' 도덕률로서, 원칙적으로는 근대적 '성취와 능력 중심주의' 원칙에 대한 부정입니다. 말하자면 그것은 '주체'이기를 애초부터 포기하는 태도입니다. 이처럼 '포기'와 '항복'을 출발점으로 삼는 냉소주의는 현실의 격차를 인정하고 환상을 좇지 않는 '쿨한 태도'로 미화됩니다. '쿨함'은 비록 '루저'지만 남의 시선에 아랑곳하지 않고 자기 길을 홀로 당당히 가는 '깨어 있는 개인주의자'의 모습이라고 해석될 수 있을 것입니다.

이런 '루저' 의식은 특히 '일베'에서 극단적으로 주장하는 '남자다움'의 이데올로기를 설명하기 위해 자주 거론되었습니다. 물론 '일베' 사이트는 누구든 드나들 수 있는 개방된 공간이고 따라서 다양한 계층이 드나들 것이므로 일베 참여자가 모두 사회적 루저라고 할 수는 없을 것입니다. 그러나 일베에서 명시적으로 표방하는 남성성이 '루저 남성성'인 것은 부정할 수 없습니다. 말하자면 자신이 속한 사회적 지위와 일치하든 일치

'루저' 남성성 등장의 배경

1. 짧은 '자유화' 기간:

   해외여행 자유화, 탈권위주의적 행동 돌출
   ⇒ "X세대', '신인류' 개념 등장

2. 곧바로 닥친 '신자유주의화':

   대중 실업, 가족 해체, 중산층 붕괴, 일자리 해외 유출, 청년 실업 폭
   증, 양극화, 사회적 분절화, 사회적 폐쇄
   ⇒ '3포세대', 'N포세대' 개념 등장

3. 청년 여성의 문화적 단절: 자발적 현상으로서 '비혼 운동'

하지 않든, '일베' 사이트의 참여자들은 의도적으로 '루저 남성성'을 수행한다는 것입니다. 사회학자 고프만의 표현을 빌리면, 특정 목적을 위해서 '연극을 상연'하는 것입니다.

그렇다면 그들이 루저 남성성의 이미지를 상연하는 이유는 무엇일까요? 그 이유를 가늠하기 위해서 능력주의에 대한 그들의 이율배반적인 태도를 살펴볼 필요가 있습니다. 그들은 자신의 불행을 남의 탓으로 돌리지 않는 '쿨함'을 표방하지만, 그렇다고 자신들을 루저로 격하한 사회 변화를 단지 자연재해라고 쿨하게만 받아들이지는 않습니다. 과거 왕정 시대에도 자연재해가 나면 왕이 부덕하다고 책임을 물었습니다. 이처럼 자

연재해는 항상 동시에 사회적 재해이기도 합니다. 일베 참여자들 역시 누군가의 책임을 추궁하는데, 그 '누군가'는 바로 청년 여성입니다. 왜냐하면 한국 사회에서 가장 많이 변한 집단이 청년 여성이기 때문입니다. 기성세대 여성과 달리 그들이 노동시장의 경쟁자로 등장했다는 것이 그 변화의 내용입니다.

사실 근대 사회의 성취 원리는 남성중심적이었습니다. 그리하여 남성 혼자 가장 역할을 하기에 충분치 않으면 여성이 보조자를 자처하여 가장 남성의 대표권을 지탱해 주는 것이 '도리'라고 오랫동안 여겨져 왔습니다. 일베의 여성관은 이와 같은 '근대적 가부장제'와 상통합니다. 따라서 일베 참여자들은 여성을 그렇게 소유하는 '남자의 능력'을 자랑하는 데 열광합니다. 그것이 바로 그들의 '능력'이기 때문입니다. 반면 여성을 소유하지 못한 '루저'의 경우 그것은 남성의 무능력 탓이 아니라 소위 '김치녀'들의 이기주의 탓입니다.[20] 말하자면 일베 '루저'의 '쿨함'은 다른 남성과의 불평등을 탓하지 않고 남성의 소유물에 불과한 여성을 탓하는 것입니다.

여기서 일베의 능력주의 개념에 내재하는 이율배반이 확인됩니다. 첫째, 일베의 능력주의는 완전히 자율적인 '개인'의 능력을 말하는 것이 아니라, 여성에게 공적 시민권을 박탈했던 근대 초기의 '사회적 맥락'과 관련되어 있습니다. 둘째, 이런 사회적 맥락은 결국 '성역할'을 신분처럼 고정하려는 사회 분위기, 즉 여성을 남성의 사생활 관리자로 못 박는 근대화한 신분 질서와 관련되어 있습니다. 그런데 일베는 성별뿐만 아니라 다른 사회적 범주들에 대해서도 다르지 않은 태도를 보입니다. 그들은 사회의 주류로 '인정받고자' 하는 사회적 '소수자'를 인정을 구걸한다고 폄훼하고, 그럼으로써 루저인 자신들이 주류에 속한다고 '인정받고자' 합니다.[21]

한편 일베에서 유통되는 '루저 이미지'는 과거 '양아치'로 불린 특정 하위문화와 유사성을 보입니다. 상호 비하에서 재미를 느끼고, 양심의 제재를 수반하지 않는 도덕적 일탈에 서로 결기를 확인하는 식입니다. 현재 그런 문화는 조폭이나 기득권층 범죄를 소재로 삼은 인기 영화들을 통해 일반인에게도 상당히 익숙합니다. 어찌 보면 그런 문화를 '재미'의 대상으로 소비하는 분위기가 진작부터 형성되었다고 할 수 있겠습니다. 그러나 일베 게시판의 등장 이전까지 그런 문화는 일반인의 규범 세계와 확고한 거리를 유지하고 있었습니다. 그런데 일베 게시판을 통해 과거에는 '특수문화'에 머물던 '패륜적' 냉소주의가 공공연히 주장될 뿐만 아니라, 이제 일상적 언어에까지 스며들고 있습니다.

흡사 조폭과 같은 남성 연대의 방식이 이렇게 재미의 대상이 될 뿐만 아니라 공공연해진 데는, 정치 민주화를 거치면서도 달라지지 않은 '남성 유흥문화'와의 관련성이 작용했을 것입니다. 부정부패와 연줄망의 비공식적 관계가 공적 세계 이면의 필수 요소였던 시절에, 성인 남성들의 이권을 위한 관계 맺기에서 '성 접대'는 매우 중요했습니다. 그것은 단순히 성적 유흥을 제공하는 '뇌물'로만 작용한 것이 아니라, '공적 규범의 일탈'을 매개로 한 일종의 '연대 형성'이기도 했습니다. 즉 '부패 공동체' 형성을 위한 교환 수단으로서 여성의 성을 사용했다는 것입니다.[22] 그런데 이렇게 성을 매개로 '유대'를 맺고 '화해'하는 관행은 좌/우의 이념을 뛰어넘는 '남성 연대'의 특징이고, 따라서 정치 민주화 이후에도 근절되지 않았습니다.

앞서 보았듯이 민주화 세대는 남성뿐만 아니라 여성도 정치 영역을 제외하면 이전 세대의 문화와 크게 단절하지 않았습니다. 민주화 세대의 이런 문화적 연속성은 청년들을 '개인주의자'라고 도덕적으로 비난(소위 꼰대질)하는 민주화 세대에 대해 청년들이 '위선자' 프레임으로 맞서는 결과를 가져왔습니다. 그리하여 진보의 '민주적 말과 그렇지 못한 행동의 불일치'가 보수의 '비민주적인 말과 행동의 일치'보다 더 참을 수 없는 '악'이 되었는데, 그런 냉소적 흐름이 일베에서 시작되었습니다.

'패륜도 솔직하면 위선보다 낫다'는 '쿨함'을 장착한 일베는 '위선'을 민주화 세력의 실체로 규정하여, 당시까지 지배적이던 도덕적·정치적 규범을 송두리째 부정했습니다. 그들은 사회정의에 대한 요구나 타인에 대한 책임 등 보편적 연대의 도덕성을 모두 위선으로 몰아서 가짜라고 말합니다. 그들은 '만인에 대한 만인의 이익 투쟁'이라는 홉스식 현실 인식만을 '솔직한' 것으로 규정함으로써, 근대적 시민 사회 이전의 왕정 시대처럼 '강자에 대한 투항'을 합리화합니다. 이들은 고유한 시민 도덕론을 펼친 애덤 스미스의 고전 경제학으로 되돌아가려는 신자유주의에 만족하지 않고, 개인주의에 기초해 왕정을 정당화한 홉스로까지 돌아가려 한다고 할 것입니다.

그리하여 그들은 사회적 약자에 대한 배려를 '무임승차'로 비하하고, 패륜적 표현으로 약자를 조롱하는 탈도덕을 실천합니다. 성별을 몰윤리적 생물 수준으로 환원하고, '도덕적 금기' 자체를 냉소합니다. 이것은 결국 선/악의 절대성을 부정하고 그 경계를 '이익'의 관점에서 상대화하여, 아군/적군의 경계만을 '합리적 결집'의 범주로 주장하는 칼 슈미트의 '정치적인 것' 개념으로 연결될 수 있습니다. 또는 '패륜적 재미'를 통해 결집하는 조폭적 부족주의를 '근대적 정상성'으로 정당화하기 위해 고전 경제학적 '합리성' 개념을 전유하는 것으로 판단할 수 있습니다.

한편 성별의 생물학적 환원주의와 관련해서, 그들의 태도는 일관되지 않고 이율배반적입니다. 한편으로는 586세대 좌파 남성의 '위선적' 성 문화를 조롱하면서, 다른 한편으로는 그들과 '생물학적 남성'으로서 성적 동질성을 강조합니다.[23] 그리하여 좌/우를 넘어 모든 남성을 '생물학적 정체성' 연대로 포괄하려 하는데, '코에 걸면 코걸이, 귀에 걸면 귀걸이'식의 이런 양가성은, '젠더갈등'이 남성의 '생물학적 정체성 정치'의 형태로 폭발하는 데에 결정적 역할을 했습니다. 과거에는 일베와 대립했던 '좌파' 청년들이 어느 순간 그와 같은 생물학적 정체성 정치로 결집했을 뿐 아니라, 기성세대 '진보' 남성들 역시 그 속에서 자신들의 '철없던 모습'을 발견하고 공감을 표현하는 과정을 거쳤기 때문입니다.

2. 한국 청년 남성의 '생물학적 정체성' 정치

'20대 남성(이대남) 현상'이라는 개념을 주조한 〈시사IN〉에서는 한국 청년 남성들의 반페미니즘 정치를 '정체성 정치'로 규정했습니다.[24] 과거 서구 제2의 물결 급진주의 페미니즘에서는 '여성 정체성의 정치'를 주장한 바 있습니다. 여기서 여성 정체성과 관련된 위험이 강간, 성폭력, 낙태 등 여성의 생물학과 관련된 것이지만, 그렇다고 '여성 정체성'이 곧 생물학적 정체성과 동일시된 것은 아닙니다. 여성 정체성의 핵심은 오히려 생물학적 몸을 권력과 지배의 현장으로 만들어 온 가부장제 '문화'와 '심리적' 지배였습니다. 즉 성 역할 등의 '규범'을 통해 여성을 심리적으로 지배하고 억압하는 사회적 기제가 여성 정체성을 생산하는 핵심이라고 보았고, 그것을 '가부장제'라고 불렀습니다.

이와 비교할 때, 한국 청년 남성들이 확산시킨 '젠더갈등' 프레임의 '남성성 정치'는 위의 '여성 정체성 정치'와 대칭적 위치에 있지 않습니다. 즉 그것은 남성 정체성을 사회적으로 강요하는 규범 체계에 대한 저항이 아닙니다. 그것은 오히려 그런 규범체계에 저항하는 또래 여성들에 대해, 기존의 규범대로 '남성 정체성을 과시'하는 방향입니다. 이것은 산업화 성공의 결과 산업사회의 가부장적 성역할 규범이 약화하는 전환기를 맞아, 오히려 기존의 남성성 규범을 보수하려는 방향의 '정체성 정치'입니다.

남성들이 기꺼이 방어하는 산업사회의 가부장적 규범은 18~19세기의 생물학적 결정론에 근거를 둔 것입니다. 따라서 그런 성 정체성을 '자연화한 정체성' 또는 '생물학적 정체성'이라고 할 것입니다. 위의 '여성 정체성의 정치'가 그런 자연화한 여성 정체성에 대한 '저항'으로서 '자연화'가 결국 '문화적 생산물'임을 지적했다면, 〈시사IN〉에서 이름을 붙인 '남성 정체성의 정치'는 그와 같은 자연화를 '보수'하려는 정반대의 움직임입니다. 따라서 '남성 정체성의 정치'라는 개념은 오히려 혼동을 줄 수 있습니다. 청년 남성들이 또래의 페미니즘에 '남성 혐오'라는 명칭을 붙여서 페미니즘에서 말하는 '여성 혐오'와 마치 대칭적 관계에 있는 듯한 착시를 부르듯이, '남성 정체성의 정치'라는 개념 역시 '여성 정체성의 정치'와 대칭적 관계에 있는 듯한 착시를 유발합니다.

청년 여성에게 가부장제는 불평등 체계이자 동시에 차별의 기제로 인식되지만, 청년 남성들은 불평등과 차별을 서로 다른 것으로 표현합니다. 불평등은 '수저론'이나 '세대론'의 언어로 제기되는 데 반해, (역)차별은 성별의 문제로 제기되기 때문입니다.[25] '수저론'은 세습되는 불평등을 의미한다는 점에서 사회학적 개념으로는 전근대적 '신분'이나 근대 이후의 '계급'에 가깝습니다. 그러나 토마 피케티의 '세습자본주의' 이론 이후에는 자유주의적인 '계층' 관점과도 연결됩니다.[26] 사실 계급이든 계층이든 그것이 대를 이어 세습된다면, 그것은 이미 근대적 개념인 계급·계층의 본래 의미를 뛰어넘어 전근대적 '신분'에 가까워지는 현상이라고 할 것입니다.[27]

한편 '세대론'은 좀 더 복잡합니다. 계급·계층 간 불평등이 근본적으로 '경제적 격차'에서 출발한다면, 세대 간 불평등은 '연령' 차이에 의한 사회적 지위 격차를 말합니다. 그것은 분배 불평등뿐만 아니라 의사결정에 작용하는 언어 권력의 비대칭 문제를 말합니다. '세대'라는 개념 자체가 집단적 현실 '인식의 차이'를 범주화한 것이기 때문입니다. 따라서 '수저론'이 청년세대 내부의 불평등을 표현하는 용어라면, '세대 불평등'은 사회정치적 목소리의 불평등, 즉 규범적 지배의 문제를 포함합니다. 특히 현재처럼 가부장제가 도전받는 갑작스러운 규범 변동의 현실에서, 청년 남성의 현실 인식이나 규범적 기대는 기성세대 남성과 다를 수밖에 없습니다. 청년세대와 586세대와의 불평등은 분배 불평등보다는 사실 이런 '목소리 권력'의 불평등과 관련됩니다.

청년 남성들과 586세대와의 불화는 '청년세대' 내 성별로 갈린 목소리 중에서 586세대가 청년 여성 '편을 들었다'는 청년 남성들의 인식에서 비롯되었습니다. '진보' 쪽 기성세대를 의미하는 586세대가 처음에는 청년 남성의 반페미니즘 정서에 공감을 표하기도 했으나, 정치적으로는 결국 청년 여성의 페미니즘 비판을 수용했기 때문입니다. 이런 '인정의 정치' 측면에서, 청년 남성들은 '차별'의 개념을 사용합니다. 프레이저의 구별을 빌리면, 한국 청년 남성들은 '분배 정치'와 관련해서는 '불평등' 개념을, '인정정치'와 관련해서는 '(역)차별'의 개념을 구별해서 사용하는 것입니다.[28]

반면 청년 여성들은 불평등과 차별을 서로 불가분의 것으로 인지합니다. 이런 점에서 프레이저의 '인정정치'보다는 아이리스 영의 '차이의 정치' 개념에 더 가깝다고 할 것입니다.[29] 앞서 보았듯이, 페미니즘 제2의 물결 속에서 나타난 '여성 정체성의 정치'는 사회 문화적, 심리적 여성 지배의 문제, 즉 남녀에 대한 '규범적 차이'의 권력 문제를 제기했습니다. 그러나 이런 주장의 목적은 다문화주의처럼 단순히 '차이를 인정하라'가 아니라, '차이를 불평등의 이유로 삼지 말 것'이었습니다. 양성 간의 불평등이 '규범적 차이'에 의해 정당화된다고 보았기 때문입니다.

반면 청년 남성들의 '생물학적 정체성의 정치'는 586세대의 정치 주체인 그 세대 남성들과 청년세대의 '생물학적 동질성'에 기초하여 인정을 쟁취하려는 기획입니다. 같은 '생물학적 남성' 또 같은 '생물학적 여성'인데도, 586 남성이 또래 여성들에게 받는 대접과 비교할 때 청년 남성들은 또래 여성들에 의해 '차별적' 대우를 받는다는 것입니다. 그런데 그렇게 '가부장' 대접을 받는 586 남성이 자신들을 '가부장'으로 대우하지 않고 차별하는 청년 여성들과 '같은 편'을 짰으니, 그것이 너무 '부당'하고 '억울'한 것입니다.

이것은 앞서 본 586세대 좌파 남성에 대한 일베의 이중적 태도뿐만 아니라, '젠더갈등' 정치로의 전환을 통해 2021년 서울시장 보궐선거부터 청년 남성들이 급격히 우경화한 사실을 설명해 줍니다. 그리고 그들이 586세대와 또래 여성들에 의해 '역차별' 또는 '차별'을 받는다는 주장도 설명해 줍니다. 그렇다면 청년 남성의 '생물학적 남성' 정체성은 반드시 정치의 우경화를 수반할 수밖에 없을까요?

'생물학적 정체성'을 사회적 지위와 동일시하는 것은 생물학적 특성을 '신분'처럼 숙명으로 만들므로 그 특성상 '진보적'일 수 없습니다. 따라서 젠더갈등 프레임이 부상하기 전까지는 온라인 '진보'였던 청년 남성들조차 한순간에 '진보'에서 이탈할 수 있었던 것입니다. 신자유주의 이전까지 '보수주의'는 자유주의 이전의 '전통적 가치'(예를 들어 서구에서는 가톨릭, 한국에서는 유교 전통)를 고수하려는 입장을 가리켰습니다. 반면 신자유주의 이후에 그것은 고전적 자유주의로 회귀하려는 입장을 의미합니다. 베버가 전통 사회에도 '가치 합리성'이 존재했다고 보앞듯이, 전통을 고수하는 보수주의에도 도덕적인 '합리성/비합리성'의 구분이 존재합니다. 그런데 근대 사회에서 합리성의 윤리적 측면이 완전히 무시되고 자연과학의 '도구적 합리성'만이 유일한 합리성으로 여겨지면, 나치즘과 같은 극우주의가 형성됩니다.

사실 젠더갈등 프레임을 선거용 의제로 만든 주도 세력은 청년들이 아닙니다. 정치인들이 '후견주의(clientelism)' 태도로 나서서 온라인 세계의 '정동(몸에 가해지는 비이성적 영향력)'을 흡수하여 남녀 편을 가르는 정치적 위험 요소를 활용한 것입니다. 그렇게 젠더갈등 프레임이 선거용 의제로 활용되자, 그전까지 일베의 극우주의를 비판했던 온라인 청년 남성들조차 일베를 성별화(메갈리아=여자 일베)하는 쪽으로 방향을 바꾼 것입니다.

외국에서도 (젠더갈등보다는 난민 갈등 쪽이지만) '청년 남성' 범주가 극우 정당 부상의 원천이 된 경우가 있습니다. 바로 독일의 구동독 지역입니다. 구미에서 극우 정치화가 빠르게 진행되는 동안에도 독일에서는 전체적으로 극우당의 영향력이 그리 크지 않았습니다. 그러나 2023년 5월 독일 최초로, 해당 주의 헌법수호청에서 '극우'로 지목한 정당 후보자가 지자체 단체장으로 선출되는 일이 발생했습니다.[30] 구동독 지역 튀링엔주의 작은 지역 선거였는데, 이후 구동독 지역뿐 아니라 독일 전체에서도 극우당이 녹색당을 현저히 앞서며 부상하고 있습니다. 통일 이후 구동독 지역 극우의 핵심 세력은 청년 남성들입니다.[31] 2024년 후반부터는 구서독 지역 남성 청(소)년층에서도 극우당 지지가 증가한다는 보고가 나오고 있습니다. 여기서도 디지털화의 영향이 강조되는데, 독일에서는 특히 코로나19 팬데믹을 계기로 디지털화가 빨라졌습니다.

5강 _____

한국
청년 여성의
페미니즘
정치

1. 한국 청년 페미니즘과 여성의 '생물학적 정체성' 정치

한국 페미니즘에서는 앞서 보았듯이, 강남역 시위와 혜화역 시위를 계기로 시위 참가자를 '생물학적 여성'으로 제한하는 흐름이 나타났습니다. 그런 제한에도 불구하고 청년 페미니즘에 대한 광범위한 지지를 결집할 수 있었던 혜화역 시위는, 그 내부에서 여러 이견이 등장해 상호 충돌하며 일단락되었습니다. 그 논쟁 중 하나로 페미니즘과 생물학적 여성 간의 관계에 대한 논쟁이 있습니다. 여기서는 페미니즘을 '생물학적 여성주의'로 협소하게 정의할 것인가 아니면 소위 '모두를 위한 페미니즘', 즉 모든 사회적 소수자에 대한 옹호 이념으로 광범위하게 정의할 것인가로 입장이 양분되었습니다. 이런 논쟁을 겪으면서, 그전까지는 광범위하게 사용되었던 '급진주의 페미니즘'이라는 용어가 이후 '생물학적 여성주의' 세력을 지칭하는 말로 축소 사용됩니다.

제가 면접 조사를 통해서든 강의를 통해서든 만나본 청년 페미니스트들의 대다수는 생물학적 여성주의에 비판적입니다. 2010년대 말에 이르러 한국에서도 '생물학적 여성만의 페미니즘'을 주장하는 세력이 등장하면서, 과거 1970~1980년대 미국 페미니즘에서 진행된 '트랜스젠더 배제 급진 페미니즘(TERF)' 논쟁이 조명을 받기도 했습니다. 한국의 생물학적 여성

한국 청년 여성의 '생물학적 정체성 정치'

- 분리주의적 시위 방식에서 '생물학적 여성주의' 논쟁으로
- 이후 '급진 페미니즘=생물학적 여성주의'로 개념 축소
- 청년 남성의 생물학적 정체성 정치와 유사점:

  - 자신들의 차별에 반대하기 위해 다른 차별을 정당화
  - '자연화한 성별'의 이항대립에서 출발
  - 온라인 발화 권력 형성
  - '사생활 안전' 중심의 치안국가적 국가관
  - '불평등'과 (치안) '차별'을 분리해서 사고
  - 신자유주의적일 뿐 아니라 시대에 대한 반동이기도 함

주의자들은 트랜스젠더를 퀴어로 규정하기보다는, 성폭력 가해 목적의 또는 여성성 규범을 무비판적으로 추종하는 '여장 남자'와 동일시하여 적대적 태도를 보입니다.

페미니즘 제2의 물결 이후 특히 미국을 중심으로, 페미니즘에서는 성별 이원론에 비판적인 퀴어 이론과의 통합 추세가 나타나고 있습니다. 반면 몇몇 페미니스트를 중심으로, 트랜스젠더 배제적인 생물학적 여성주의 역시 꾸준히 지속되고 있습니다. 한국에서 트랜스젠더 배제 페미니즘이 등장한 이후에 또 한 번 유사한 논란이 일어났는데, 그것은 난민 배제 페미니즘에 대한 것입니다. 즉 현재 한국 청년 페미니즘에서 나타나는 미증유의 특징 중 하나는, 특정 차별을 정당화하는 목소리가 그 내부에서 출현했다는 것입니다.

이들은 모두 '여성에 대한 남성의 성적 침해'를 페미니즘 의제로 규정하고, 거기서 남녀의 생물학적 차이를 불변의 출발점으로 삼고 있습니다. 그리하여 여성의 몸을 '자연적으로' 배분받은 사람만이 페미니스트가 될 수 있다고 주장합니다. 이처럼 '페미니스트=여성으로 출생한 여성'이라는 자연화한 공식을 주장하므로, 이들 역시 '생물학적 정체성의 정치' 관점이라고 볼 수 있을 것입니다. 이들은 완전히 온라인에서만 활동하는 것이 아니라 오프라인 결집 형태 역시 갖고 있습니다. 그러나 오프라인 공간에서 이들을 자주 접하게 되지는 않습니다. 이들은 온라인 공간에서 목소리를 키워 왔는데, 이처럼 주요 발화 무대가 온라인 공간이라는 점에서도 이들은 청년 남성의 생물학적 젠더 정치와 유사한 특성을 보입니다.

사실 성폭력으로부터의 안전이라는 문제 또는 사적 침해로부터의 안전이라는 문제는 고전적 자유주의 정치 의제인 '치안 보장'과 같은 맥락이라고 볼 수 있습니다. 그것은 시민 개인의 신체와 소유권의 안전 보장을 국가의 임무로 규정하는 '자유방임 국가론'을 생물학적 여성 시민에게도 적용하라는 요구로 읽힐 수 있기 때문입니다. 따라서 '생물학적 여성주의'에서 멈추는 페미니즘은 남성의 생물학적 정체성 정치와도 관련된 '공정성' 개념과 유사하게, 국가에 의한 불평등 시정보다 자유방임주의적 질서를 선호한다고 볼 수 있습니다.

즉 이들은 신체적 안전과 사회적 불평등의 복잡한 관계를 들여다보기보다는 신체적 안전 확보에서 멈추는 경향을 보입니다. 그런데 앞서 청년 남성의 '공정성' 개념이 신자유주의적일 뿐 아니라 동시에 근대화에 저항하는 과거 기계파괴운동과도 유사한 부분이 있다고 분석한 바 있습니다. 이와 비교할 때, 청년 여성의 '생물학적 정체성 정치'는 성별 규범 변화뿐만 아니라 성별의 퀴어화 역시 점차 제도화하는 신자유주의 시대의 추세를 거스르는 반동적 성격을 지닌다고 할 수 있습니다. 신자유주의화에 대한 역행은 난민 반대라는 '반세계화' 방향의 결집에서도 나타납니다. 즉 이들의 정치적 단순화 성향 역시 단순히 신자유주의적 (즉 고전적 자유주의로의) 퇴행이라고만 보기는 어렵습니다.

'생물학적 정체성 정치'는 사실 성별과만 관련된 현상은 아닙니다. 인종주의나 종족 차별 역시 자연화한 생물학적 정체성을 차별과 배제의 근거로 정당화합니다. 작금의 신자유주의 시대에 이런 정치적 주장들이 득세하며 정치 극우화의 속도가 빨라지고 있습니다. 이런 현상을 보면, 신자유주의 정치 역시 '다양성 인정'의 해방적 측면과 '생물학적 배제'라는 암흑면의 변증법적 통일체가 아닌가 싶습니다. 근대적 자유주의 정치가 신분제로부터 '주체의 해방'과 과학을 앞세운 '타자화'가 서로 얽힌 새로운 중층 현실을 창조했던 것처럼 말이죠. 근대화나 신자유주의화 자체에 배태한 '과학적 이성의 야만성'과 함께, 익숙한 안정성을 파괴한다는 공포가 '반동'으로 결집할 때, 그런 변증법적 교차성이 출현하지 않나 싶습니다.[32]

2. 한국 청년 여성의 자생적 페미니즘: '공정성'보다 '평등'

조사 결과들을 참고할 때, '자생적 페미니즘'으로 표현되는 한국 청년 여성의 문화에서 '생물학적 정체성 정치'의 비중은 크지 않은 것으로 보입니다. 특히 20대 여성은 양극화, 빈곤, 난민, 퀴어 등 다른 불평등 문제에서도 (타 세대나 또래 남성보다) 사회적 약자에 가장 공감하는 태도를 보였기 때문입니다.[33] '공정성' 개념은 사실 청년세대 남녀 모두를 대표하는 개념이 아니라 오히려 남성들의 주장이라고 할 것입니다. 그렇다면 청년 남성의 '공정성' 개념에 비견될 만한 청년 여성들의 개념은 무엇일까요? 제가 조사한 바에 따르면 여성들은 '공정성'보다 '평등' 개념을 선호합니다.

서구의 현대 페미니즘에서는 '평등' 프레임과 '차이' 프레임을 구별합니다. '평등' 프레임은 '분배 평등'의 프레임이라고도 불리며, 남녀 간에 '기회'나 '물질적 재화'의 평등 분배를 주장합니다. 이것은 2차 대전 이전까지 근대 페미니즘을 지배했던 프레임으로 설명됩니다. 반면 2차 대전 이후의 페미니즘에서는 '평등'보다 '차이'가 한결 강조되었습니다. 처음에는 남녀 간의 규범이나 문화 차이에 주목했지만, 이후 여성 내부의 차이들로 관점이 옮겨졌습니다. 이런 '차이'의 관점이 '젠더' 개념의 사용 및 변화의 과정과 관련됩니다. 과거에는 '양성평등'이 페미니즘의 목적이었다면, 이제는 '젠더평등' 또는 '성평등'이 목적으로 제시됩니다.

여성 내부에서 인종, 계급, 국적, 세대, 연령, 성 정체성, 장애 여부, 인간-동물 차이 등이 존재하므로, 여성을 하나의 단일한 정체성으로 범주화할 수 없다는 것이 '차이 프레임'의 최종 결론입니다. 한국 페미니즘 역사에서도 '평등'에서 '차이'로 관점이 옮아가는 추세가 나타나지만, 서구의 경우처럼 단계별로 도식화하기는 어려운 것 같습니다. 물론 '단계별 도식화'는 미국 페미니즘 중심의 설명일 수도 있습니다. 예를 들어 프랑스 현대 페미니즘에서 비롯된 고유 사조인 '성차 페미니즘'은 여전히 남성의 성 심리와 여성의 성 심리를 프로이트적으로 양분하여 설명하기 때문입니다.

서구에서는 대체로 '평등' 페미니즘이 여성의 참정권 획득이나 성주류화 정책과 동일시되기도 합니다. 그러나 '유색인 페미니즘'과 소위 '탈근대주의 페미니즘' 등 '차이'를 강조하는 흐름이 커지는 가운데서도, 2017년 '미투운동'의 시작으로 '양성평등'이 다시 화두가 되기도 했습니다. 말하자면 '평등' 관점과 '차이' 관점이 상호배제적 관계에 있거나 단선적 '발전' 관계에 있다고 단순하게 규정할 수는 없습니다. 이것은 양성평등이 완전히 달성된 사회가 없고, 그런 불평등의 지속 속에서 페미니즘은 여성의 집합화와 여성 내부의 차이를 설명해야 하는 과제를 동시에 부과받기 때문입니다.

한국 청년 여성의 페미니즘은 현재 크게 두 갈래로 나뉩니다. 하나는 '차이에 기반을 둔 페미니즘'을 표방하는 '모두를 위한 페미니즘'이고, 다른 하나는 앞서 본 '생물학적 여성주의'

'평등': 한국 청년 페미니즘의 다수 이념

- 한국 청년 남성의 '공정성' 이념에 비견
- 미국 '흑인 페미니즘'의 '교차적 불평등' 개념의 영향

  - 성별뿐 아니라 다양한 범주의 불평등이 교차하는 경험을 '정체성 정치'의 출발점으로 규정
  - 생물학적 정체성이 아닌, '복잡한 불평등 경험'의 정체성
  - 성별을 가로지르는 다차원적 불평등 포괄

- '복잡한 평등'의 개념

  - '생물학적 여성주의' 페미니즘과 갈등 형성
  - '모두를 위한 페미니즘'

입니다. 한국의 '미투운동'은 양성 간 불평등 현상과 관련되지만 '모두를 위한 페미니즘' 관점에서 이루어진 광범위한 연합운동이었습니다. 반면 생물학적 여성주의는 디지털 성폭력이나 여성 안전 문제에만 집중하는 청(소)년 여성의 배타적 결집으로 나타났습니다. '모두를 위한 페미니즘'은 미국 흑인 페미니즘에서 유래한 '교차성' 개념을 주장하여, '생물학적 여성주의'로부터 '쓰까페미'라는 조롱을 받습니다. 여기서 '쓰까'는 '섞는다'는 말입니다.

'교차성'을 주장하는 페미니즘은 '불평등의 교차적 구조' 관점에서 '차이'를 설명합니다. 여기서 '차이'는 '서로 다른 정

체성'으로 표현됩니다. 예를 들어 흑인 여성의 정체성과 백인 여성의 정체성을 같은 '여성 정체성'으로 동일시할 수 없다는 것입니다. 그리하여 이들은 '정체성 정치'를 주장하는데, 이것은 '생물학적 정체성의 정치'와는 다릅니다. 말하자면 인종 차이를 자연화하는 관점으로 '흑인 여성 정체성'에 기초한 정치를 주장하는 것이 아닙니다. 이들이 말하는 '흑인 여성 정체성'은 인종 차이를 자연화한 근대 역사 속에서 흑인 여성들만이 체득한 고유의 현실 인식을 말합니다. 따라서 페미니즘이 특정 여성 집단(즉 백인 여성)의 특수 요구를 일반화하는 오류를 피하려면, 집단별로 서로 다른 현실 경험을 '정체성의 정치'로 주장하는 과정을 통해야만 한다는 것입니다.

한국 청년 여성의 다수 의견이라고 할 수 있는 '모두를 위한 페미니즘'은 성별과 인종, 계급, 국적, 세대, 연령, 성 정체성, 장애 여부, 인간-동물 차이 등 다양한 불평등의 경계선이 교차하는 지점에서 경험되는 고유한 불평등의 문제를 포괄하는, 확대된 '교차성 페미니즘'이라고 볼 수 있을 것입니다. 교차성 논의가 애초에 양성평등뿐만 아니라 이질적인 여성 정체성 집단 간의 평등을 주장하는 내용이었으므로, 그것을 확대한 관점역시 '평등'을 중시하는 관점이라고 할 수 있습니다. 즉 '차이'를 강조하지만, 그것은 '평등'을 위한 전제로서 그렇게 하는 것입니다.

제가 면접 조사를 한 청년 여성들 역시 '공정성'보다 '평등'이 중요하다고 말했습니다. 이런 사실들을 모두 종합할 때, 한국 청년 여성의 자생적 페미니즘은 대체로 '평등'을 지향한다고 볼 수 있겠습니다. 궁극적으로 평등을 지향하면서도 '차이'에 민감한 교차성 관점에서는 남성 역시 단일한 정체성 집단으로 단순화하지 않습니다. 여성 내부에서와 마찬가지로 남성 내부에서도 인종, 계급, 국적, 세대, 연령, 성 정체성, 장애 여부, 인간-동물 차이 등 격차가 존재할 수밖에 없기 때문입니다. 오늘날 불평등의 현실과 갈등은 이처럼 더 이상 남녀 성별이나 계급 양극화의 이원적 대립구조로 환원할 수 없습니다. 한국에서 '모두를 위한 페미니즘'이라고 불리는 '성평등'의 입장은 이처럼 '복잡한' 불평등 현실에 대한 저항일 것입니다.[34]

한편 '성평등'이라는 표현은 '성'을 생물학적 남/여로 고정화하지 않고 다양한 성적 정체성의 가능성을 포용한다는 의미에서 한국 기독교의 거센 반발을 불렀습니다. 실제로 '젠더갈등' 프레임이 부상하기 전인 2015~2016년 빅데이터 분석을 보면, 온라인 젠더갈등은 소위 '남녀갈등'과 '성소수자' 문제가 거의 같은 비중으로 양분되어 있었습니다. 그러다가 2017~2018년 기간에 '남녀갈등'이 압도적 비중을 차지하는 방향으로 변화했습니다.[35] 이후 청년층의 젠더갈등은 남녀 성별 간 갈등에 집중된 데 반해서, 기독교에서는 여전히 성소수자 반대의 목소리를 높이고 있습니다.

원론적으로 말하면, 성 정체성 문제는 사생활 부분이기 때문에 다원주의를 내세우는 자유주의 이념에서는 외부에서 개입할 문제가 되지 않습니다. 그러나 역사적으로 자유주의 국가들이 이성애를 제도화했기 때문에 그것을 범죄화한 시대가 있었습니다. 성소수자 배제는 여성을 생물학적 성역할 규범에 묶어 타자화한 일과 동시대적 현상입니다. 여성의 타자화와 성소수자의 범죄화는 '성'을 '노동 인구' 생산의 문제로 규정한 근대 산업사회의 인구 통제 정책이었습니다. 이런 공통의 경험으로 인해서, 현재 페미니즘과 퀴어이론의 경계는 유동화하고 있습니다. 그리하여 한국 청년 여성의 '모두를 위한 페미니즘'과 '생물학적 여성주의' 간의 논쟁에서는 난민 문제뿐만 아니라, 트랜스젠더 등 퀴어에 대한 이견이 핵심적 쟁점이 되었습니다.

'복잡한 불평등 현실'에서 출발하는 청년 여성의 급진적 평등 의식은 '능력주의'나 '공정성', '사회정의' 등 '자유주의' 개념들을 불신하는 경향으로 나타나기도 합니다.[36] 그런 '보편적' 개념들을 반복 사용하여 남성의 '편파적' 기득권을 기정사실로 굳히는 '앵무새' 전략일 뿐이라고 의심하는 것입니다. 이런 관점은 서구 페미니즘에서 나타나는 자유주의 비판과 매우 유사합니다. 서구 페미니즘에서는 자유주의의 '중립적'이고 '보편적' 개념들이 과거 서구 시민혁명의 배타적 주체들, 즉 '백인 남성 시민계급'의 인종적·성적·계급적 당파성을 정당화하는 수사학에 불과하다고 비판해 왔습니다. 이런 유사성이 서구 페미니즘 서적을 많이 읽어서 생긴 결과인지, 아니면 거꾸로 자생적 유사성으로 인해 자생적 페미니즘 세대가 서구 페미니즘 서적을 많이 읽는 것인지는 정확히 알 수 없습니다.

6강 _____

공정성

1. 공정성이란 무엇인가?

한국에서는 근대적 개념들을 우리의 조상들이 사용했던 전통적 개념으로 번역해서 사용하는 경우가 많습니다. '공정성' 역시 마찬가지로 오랫동안 사용되었던 '공명정대(公明正大)'라는 말과 관련되어 있습니다. 1994년 12월 18일에 입력된 〈조선일보〉 기사("방송사도 놀란 포청천 돌풍/공명정대-강직함에 매료 시청률 급등")에는 다음과 같은 내용이 나옵니다.

KBS 2TV의 외화 판관 포청천이 요즘 안방에 돌풍을 일으키면서, 주인공 포청천의 캐릭터가 장안의 화제다. … 송나라시대의 관리 포청천. 조목조목 죄상을 파헤치는 논리정연함, 황제의 인척까지도 전혀 봐주지 않는 공명정대함과 강직함에 … 이 드라마는 시리즈로는 드물게 평균 시청률 25%, 점유율 35%라는 놀라운 인기를 유지해왔으며, 개각으로 온 나라가 들떠 있던 16일 밤에는 시청률 33.7%, 점유율 48%를 기록, 방송관계자들을 경악시켰다. 그래서 요즘 방송가에선 포청천 신드롬이란 말까지 나올 정도.[37]

당시 김영삼 정부의 개각을 앞둔 시점에서 이 드라마의 애청자는 특히 중장년층 남성들이었다고 합니다. 호가 '청천'인 포증은 송나라 때의 문신이자 유명한 정치가입니다. 음서로 관직에 올랐다가 이후 과거시험에서 장원급제했다고 하는데, 무엇보다 사심 없는 판결로 청백리의 대명사가 되었습니다. 그리하여 백성들의 사랑을 받아 사후 남송 시대부터 그를 주인공으로 한 문학 작품들이 등장했고 중국 무속에서는 신으로 추앙되었다고 합니다.

2016년의 〈주간경향〉 1561호 기사("카이핑…강철 신념 지닌 '철면무사' 포청천 포증카")에는 또 다음과 같은 문장들이 나옵니다.

포증의 이야기가 나왔으니 그가 일했던 카이펑부를 둘러보자. 대문 바깥에 세워진 조벽(照壁)에 새겨진 건 〈해치도〉다.

시비와 선악을 판단한다는 상상의 동물이 바로 해치다. 해치의 머리에는 뿔이 하나 있는데, 죄를 지은 이가 있으면 그 뿔로 들이받는다고 한다. '법(法)'이라는 한자도 본래는 삼수변과 해치를 합한 글자였다. 물과 해치의 공평함과 정의, 그것이 바로 법이다. 카이펑의 행정과 사법을 책임졌던 카이펑부, 그 대문을 들어서면 '공생명(公生明)'이라는 글자가 적힌 커다란 돌이 보인다. "공평함은 명철함을 낳고(公生明), 치우침은 우매함을 낳는다(偏生暗)"(〈순자〉)라는 구절에서 따온 것이다. […] '정대광명(正大光明)'이라고 적힌 편액 아래 병풍에는 용솟음치는 파도와 밝은 해가 그려져 있다. 바닷물의 깨끗함과 해의 밝음을 나타낸 이 그림에는 뇌물을 받고 법을 어기는 일이 없도록 경계하라는 의미가 담겨 있다.[38]

위의 인용문들에서 '공명정대' 또는 '공평함', '정의'는 사심 없는 판결, 신분에 얽매이지 않는 법 적용을 의미합니다. 여기서 법을 지킨다는 것은 근대 이후 자연권 사상에 기초한 '권리(인권) 보장'의 개념이 아니라, 중국 법가 사상의 법, 즉 군주가 정하는 규범에 대한 복종을 의미합니다.

앞서 첫 인용문에 나오듯이, 대만 드라마 '포청천'은 1994년 9월에는 MBC에서, 10월에는 KBS에서 방영될 만큼 한국에서 크게 사랑받았다고 합니다. 특히 중장년 남성을 중심으로 사랑받았음을 볼 때, 공정성에 대한 갈망은 언론에서 흔히 지적하듯 현재 청년층의 고유한 문화이거나 그들만의 새로운 현상이라고만은 볼 수 없을 듯합니다. 그런데도 청년층의 공정성 주장이 '새롭다'고 느껴지는 이유는 아마도 그 개념의 내용이 변했기 때문일 것입니다.

말하자면 청년들이 요구하는 공정성의 내용을 기성세대가 이해하기 어려울 정도로, 한국 사회에서 어떤 변동이 진행되고 있음을 말해 주는 것 아닐까요? 무엇보다도 사람들이 따라야 할 문화적 기준이라고 생각되는 것이, 조선시대 이후의 '유교 소중화주의'에서 산업화 성공 이후 '서구중심주의' 또는 '근

일상 개념으로서 '공정성'

출처: 네이버 국어사전

- 공정: 공평하고 올바름
- 공평: 어느 쪽으로도 치우치지 않고 고름(형평, 균형)
- 공명정대: 하는 말이나 태도가 사사로움이나 그릇됨이 없이 아주 정당하고 떳떳함
- 공평무사: 공평하여 사사로움이 없다
- 불편부당: 아주 공평하여 어느 한쪽으로 치우침이 없음
⇒ fairness, equity, justice, public, impartiality

대주의'로 바뀌었다는 것이 가장 큰 변화일 것입니다. 즉 '공정성'은 한자로 된 사자성어에서 이제 영어(fairness)를 번역한 개념으로 바뀌어 이해되고 있습니다.

2. 근대 사회에서 공정성 개념은 어떻게 변화했나?

서구 근대의 주류 사상인 자유주의에서도 공정성은 매우 중요합니다. 앞서 본 법가 또는 유가 맥락에서 공정성은 사회 지배층인 관리의 덕목으로서 칭송되었습니다. 아마도 그런 이유에서, 김영삼 정부의 개각 이슈와 관련된 것일 테죠. 그러나 근대 자유주의에서 공정성은 고전 경제학적인 시장 교환의 공정성에서 출발해서 칸트의 사회계약론에 대한 롤스의 재해석에까지 이릅니다. 지배자의 덕목으로서 공정성이 백성에게 억울함이 없도록 추상같은 판정을 내리는 일이라면, 자유주의의 공정성은 근대 사회에서 생산된 이익 배분의 공정성과 그것을 보장하는 제도적 절차의 문제입니다.

그리하여 자유주의의 공정성은 개별 사건에 따른 법적 판단의 문제가 아니라, 사회 전체의 성격과 관련된 제도적 구성, 즉 '정치경제학'의 문제가 됩니다. 영국의 고전적 정치경제학자인 애덤 스미스는 공정성의 기제로 '보이지 않는 손'을 거론했습니다. 신분제 사회의 정치적·종교적 강요(경제외적 강요)에 의한 분배가 인간이 타고난 지위(우연적 불평등)를 영구화하는 데 반해서 수요가 발생하는 곳을 찾아 그 시장 정보에 기초하여 적절한 공급이 이루어지는 '경제적' 배분 방식은 효율적일 뿐만 아니라 상호이익에 기초한 도덕적인 것이기도 하다고 생각되었습니다. 여기서 고전 경제학의 '공정성' 개념이 나옵니다.

즉 고전 경제학적 공정성은 시장 교환을 통해 판매자와 구매자가 모두 만족하는 '상호 이익'을 의미합니다. 시장에서 상호이익은 공정한 가격에 의해서 결정됩니다. 가격이 터무니없이 비싸면 구매자가, 터무니없이 싸면 공급자가 손해를 볼 것이기 때문입니다. 스미스는 시장에서 수요와 공급이 집합적으로 만나 결정되는 가격의 장치가 공정하다고 보았습니다. 즉 그것이 공정성을 실현하는 '보이지 않는 손'이라는 것입니다. 다만 여기에는 전제가 있는데, 그것은 시장 행위자들이 모두 이성적 또는 도덕적으로 행동한다는 것입니다. 자유주의는 근대적 시장 행위자가 도덕적 시민이라는 전제 아래 논의를 시작하기 때문에, 시장의 가격 장치가 공정할 수 있는 것입니다.

그러나 시장경제가 발전하면서, 시장의 가격이 더 이상 순수하게 수요와 공급만으로 결정되지 않는 문제들이 나타났습니다. 이것은 인간의 '이성'이 이익 추구의 '합리성' 개념으로 축소된 현실과도 관련이 있습니다. 스미스는 시장의 공정한 작동을 위해 개인들의 도덕성이 불가피하다고 호소했으나, 그것은 개인의 선택사항에 불과할 뿐 정치적 개입은 불필요하다고 보았기 때문입니다. 스미스식의 고전적 정치경제학에서 국가는 최소한의 '치안 국가'에 머물러야 시장이 제대로 작동한다는 것입니다. 그러나 자본주의 시장경제의 발달과 함께 독점과 시장 지배 등의 현실이 확대되면서, 자유주의적 시장 모델은 더 이상 현실이 아니라 경제학자들의 '이념형'에 불과하게 됩니다.

국가라는 정치체의 개입을 배제하는 스미스의 고전 경제학적 자유주의에 대항해서, 사회적 평등과 정의를 앞세우는 자유주의의 갈래가 생겨나기도 했습니다. 자유주의의 이런 갈래

'지배자의 덕목' 대 '제도적 절차'

- 지배자의 덕목: 도덕적 문제 ('대공무사', 억울함이나 원성이 없도록 배려하는 지혜, 미덕)
- 제도적 절차: 근대적 정치의 문제, 자유주의 원리

  ① 고전주의 정치경제학(⇒ 게임이론)
  공리주의적 효율성, 상호이익, 시장 중심의 조율
  ② 칸트의 사회계약론(⇒ 정의론)
  자유와 평등의 균형, 보편윤리, 정치적 절차

를 고전 경제학의 '경제적 자유주의'와 대비되는 '정치적 자유주의'라고 부릅니다. 루소의 평등적 공화주의와 그것을 받아들인 독일 철학자 칸트가 대표적입니다. 루소는 『사회계약론』에서 홉스에서 로크로 이어진 영국의 근대적 정치이론을 비판하면서도 계승했습니다. 영국식 자유주의와 프랑스 또는 독일의 공화주의 사상은 이렇게 다른 특성을 보입니다. 여기에는 경제적 자유주의와 정치적 자유가 불가분의 관계를 맺으며 근대화에 진입했던 영국과는 상당히 다른 근대화 경로를 보인 프랑스와 독일의 현실이 작용했을 것입니다.

경제적 인간관(homo economicus)에서 출발하는 홉스는 누구의 돌봄도 받지 않고 그저 버섯처럼 불쑥 성인이 된 '이기적이고 계산적인 개인'들이 왕권신수설과는 정반대 방식으로 왕권을 지지한다는, 피지배자 중심의 정치이론을 제시했습니다. 로크는 '소유권'을 신성시하면서 사회계약론적 사고를 이어갔습니다. 한편 프랑스의 소시민 출신인 루소는 '공민의 일반의지'로 표현되는 이성의 '공적(정치적)' 성격을 강조하고 '만인의 법적 평등'을 주장하며, 영국에서 발전한 자유주의 정치론을 공화주의적으로 변형했습니다. 루소의 이론은 이후 프랑스 혁명 사상에 큰 영향을 줍니다.

칸트는 독일 '교양시민계급'을 대표하는 사상가입니다. '교양시민계급'이란 정치적 자유 없이 문화적 자유만이 보장된,

당시의 매우 독일적인 현실의 시민계급을 지칭하는 말입니다. 따라서 칸트가 철학적으로 완성한 공화주의나 자유주의는 독일에서는 실현될 수 없는 '관념론'에 불과했습니다. 하여튼 칸트는 타인을 도구로만 보아서는 안 되고 목적으로도 보아야 한다는 인권 사상으로 유명합니다. 따라서 칸트는 자연을 도구로 보는 자연과학의 이성과 사회적 이성이 달라야 한다고 보았습니다. 칸트는 자연과학의 이성을 '순수 이성', 사회적 이성을 '실천 이성'이라고 불렀습니다. 자연과학의 '도구적 이성'과 달리 사회적 이성은 보편적 윤리의 명령을 따라야 한다고 보았습니다.

다만 칸트는 이 윤리적 명령의 근거가 무엇인지를 실제 사회 속에서 설명하지 못하고 인간의 경험을 넘어선 초월적 '선험 명령'이라고 규정함으로써, 매우 추상적이고 관념적인 당위론을 제시한다는 것이 한계입니다. 즉 칸트는 루소의 공화주의 영향 아래 만인의 자유와 평등을 옹호했으나, 그것을 개인의 윤리적 또는 법적 문제로만 보는 자유주의의 틀을 벗어나지 않았습니다.

그로부터 많은 세월이 흐른 후 1970년대에, 미국 자유주의 정치철학자 존 롤스는 칸트의 사회계약론을 재해석하여 새로운 공정성 개념을 발표했습니다.[39] 그는 '사회정의'에 대한 칸트식 관념론을 '공정성' 개념을 통해 경제학적으로 뒷받침하고자 했습니다. 그런데 여기서 '공정성'은 고전 경제학에서 말하는 수요자-공급자 쌍방 간 관계의 공정성이 아닙니다. 롤스는 칸트의 보편 윤리 개념에 따라, 시장 교환 당사자가 아니라 그 것을 관찰하는 제3자 관점에서 공정성 개념을 사용했습니다. 여 기서 제3자는 교환의 공정성을 '불편부당(impartiality)'하게, 즉 양자 중 그 누구의 편에도 서지 않는 공평한 관점에서 판단한다 는 것입니다. 그리하여 롤스는 그러한 판단의 '객관성'과 '불편 부당'을 공정성의 내용이자 정의의 기준으로 설정했습니다.

이 지점에서, 앞서 말한 포청천의 공정성 개념이 자연스 럽게 떠오를 것입니다. 왜냐하면 포청천의 공명정대한 판결은 문제의 당사자로서가 아니라 문제를 관찰하여 판단을 내리는 제3자 위치에서 이루어진 것이기 때문입니다. 여기서 공명정대 한 판단이란, 관련자 누구에게도 억울함이 없는 판단을 말합니 다. 그런데 포청천과 달리 롤스는 '억울함'이라는 주관적 감정 의 개념이 아니라, '이익'이라는 경제적 합리성의 '객관적' 개념 을 사용합니다. 즉 양자의 이익이 균형을 이룰(equity) 때 공정하 다는 것입니다. 이처럼 주관적 도덕 감정이 아니라 이익이라는 합리적 개념에서 출발함으로써, 롤스는 칸트의 반심리학주의와 고전 경제학의 합리주의 둘 다를 연결하고자 한 것입니다.

한편 고전 경제학에서는 교환이 성사되면 그것이 바로 양자 간 이익 균형의 달성을 말해 주는 것이라고 보았습니다. 그러나 칸트의 '보편타당'한 윤리는 그런 경험적 만족에 기초하는 것이 아닙니다. 앞서 말했듯이, 칸트는 각자의 주관성을 뛰어넘는 초월적인, 즉 보편적이고 객관적인 윤리의 명령을 따르는 것이 사회적 합리성(실천 이성)이라고 보았습니다. 다만 여기서 칸트는 그 명령의 출처 또는 근거가 무엇인지를 현실적으로 설명하지 못하고 '선험적(a priori)'이라는 애매한 표현을 썼습니다. 칸트의 이런 '관념론'을 극복하기 위해서 롤스는 고전 경제학의 '이익' 개념을 통해 칸트의 '보편윤리'를 설명하려고 한 것입니다. 그리하여 칸트가 말한 '선험적 명령'이 사실은 개인들의 협동적 이익 계산, 즉 협동의 합리성에 근거한다고 설명했습니다.

이를 위해서 롤스는 '무지의 장막'이라는 사고실험의 도구를 사용합니다. 불평등한 분배가 이루어지는 사회에서 사람들은 사회가 불평등하다는 사실, 그리고 각자는 자신의 이익을 추구한다는 사실을 알고 있습니다. 이처럼 만인이 자신의 이익을 추구한다는 전제는 고전 경제학의 설정과 같습니다. 그러나 시장을 통한 분배가 불평등 분배의 구조를 낳는다고 보는 점은 시장의 효율성과 공정성을 믿는 고전 경제학과 다릅니다. 이런 상황에서 사람들은 사회의 분배구조를 결정하기 위해 모이는데, 이것을 롤스는 사회계약의 '시초 상황(또는 원초적 상황)'이라고 부릅니다. 그런데 이 상황에는 어떤 '무지의 장막'이 드리워 있습니다. 그것은 자신에게 분배될 몫, 즉 자신의 사회적 지위에 대해 아무도 모른다는 말입니다. 공정한 분배 규칙을 정해야 하는 그 시초 상황에서, 사람들은 자신이 어느 계층에 속하는지 모릅니다.

여기서 다시 한번 포청천과 비교해 보겠습니다. 포청천은 판결, 즉 사법적 결정을 내리는 위치에 있습니다. 그러나 롤스의 사회계약 상황에서 참여자들은 입법적 상황, 그중에서도 사회의 기본구조를 정하는 입헌적 상황에 있습니다. 롤스가 경제학적 합리성 개념에서 출발하는 만큼, 이 상황에서 각자는 자신의 이익을 최대화하고 위험을 최소화하려는 합리적 존재입니다. 그런데 앞서 본 무지의 장막 속에서 결정을 내려야 하므로, 사람들은 자신이 최하층에 속할 수도 있다고 생각합니다. 따라서 위험을 최소화하기 위해, 최하층도 인간의 존엄성을 유지할 만큼의 몫을 받아야 한다고 주장할 것입니다. 결국 여기서 도출되는 원칙은, 현 불평등 구조의 최소수혜자에게 최대의 혜택이 돌아가도록 하는 것입니다.

한편 이 원칙은 칸트의 '불편부당'과도 일치하는데, 왜냐하면 사람들이 자신의 지위를 모르는 제3자의 위치에서 내린 '공정한' 판단이기 때문입니다. 이러한 사고실험을 거쳐 롤스는 '사회정의'란 불편부당하고 공정한 절차를 제도화하는 것인데, 공정성이란 바로 최소수혜자에게 최대 이익을 보장하는 것이라고 설명했습니다. 이것을 '차등의 원칙'이라고 부릅니다. 이런 철학적 논의의 귀결로 롤스는 정책적으로 상속세와 누진세 도입을 주장했습니다.

롤스의 공정성은 영어의 'fairness'입니다. 롤스의 공정성은 불편부당이라는 의미에서 포청천의 공명정대와 마찬가지로 사사롭지 않습니다. 즉 그것은 편파적 사익을 배제하는 공적(public) 질서의 원칙입니다. 물론 포청천 시대의 '공적인 것'과 그것의 근대적 의미는 다릅니다. 그렇다면 롤스의 공정성도 포청천의 공명정대처럼 억울함을 없애 줄까요? 이 부분은 상당히 논쟁적입니다. 특히 고전 경제학의 부활(신자유주의)과 함께 롤스의 공정성에 대해 억울함(또는 불공정성)을 호소하는 신고전주의적 공정성 개념이 다시 주장되었기 때문입니다.

자유주의가 다시 고전 경제학으로 회귀하기 시작한 1980년대에는 롤스의 정의론에 대해 다양한 관점에서 반격이 시작되었습니다. 자유방임주의, 공동체주의, 페미니즘 정의론 등이 그것입니다. 그중에서 캐나다 출신의 공리주의 철학자 데이비드 고티에는 공정성 개념을 고전 경제학 개념으로 되돌리고자 했습니다.[40] 사회계약론의 발전과 함께 자유주의는 경제적 자유만큼 정치적 자유를 강조하는 방향으로 발전했는데, 고티에는 자유주의를 고전 경제학의 경제적 자유주의로 되돌립니다. 그리하여 공정성을 다시 시장 행위자 '쌍방 간'의 문제로 복귀시킵니다. 게임이론에 의존하여 고티에는 쌍방이 얼마만큼 양보할 때 거래가 성사되는가의 문제로 공정성 개념을 이론화했고, 거래 합의를 가능하게 하는 만큼의 양보가 결국 공정한 것이라고 설명했습니다.

시장 행위를 당사자 상호 간의 미시적인 거래로 볼 때, 거래가 성사되려면 쌍방 간에 어떻게든 양보가 이루어져서 합의에 도달할 수 있어야 합니다. 남대문 시장에서 물건값 흥정할 때를 떠올려 봅시다. 고티에는 쌍방이 각자 자신의 처지에서 최대한 양보할 수 있는 몫을 최소화할 때 거래가 성사된다고 보았습니다. 그래서 그렇게 성사된 거래가 공정하다고 설명했습니다. 쌍방 모두 최대한으로 양보하지 않아도 되는 행운을 맛보았기 때문이겠죠. 여기서 '최대치의 양보'는 각자의 처지에 따라 다를 수밖에 없는 상대적인 값입니다. 그러나 출발선에서 이미 쌍방의 처지가 매우 불평등하다면, 양보의 상대적 값은 약자에게는 어떤 절대적인 것일 수도 있습니다. 예를 들어 불법 이민노동자 처지에서 겨울에 낮은 임대료로 비닐하우스에 산다는 조건의 계약은, 고용계약을 위한 '최대한의 상대적 양보'를 최소화함으로써 성사된 거래일 것입니다. 그러나 여기서 불법체류자라는 출발선의 불평등 때문에 그 양보의 크기는 생명 위협의 수준이 될 수도 있습니다. 이런 문제를 고티에는 '사회정의'가 아닌 개인의 윤리적 문제로만 설명했습니다.

신분제 사회에서는 타고난 신분이 곧 숙명이므로 하층민

은 억울해도 참아야 하지만, 포청천은 그것을 헤아림으로써 사랑받았습니다. 그러나 근대 자유주의에서 천부적으로 주어졌다고 주장되는 '인권'은 오늘날의 경제적 자유주의 현실에서는 오히려 각자의 '사적인 몫'으로 전환됩니다. '공공성의 민주주의 정치'를 강조하는 롤스의 정치적 자유주의에서는 그런 불평등과 정의의 문제를 공정성과 연관시켰습니다. 그러나 고티에처럼 신고전주의 경제학으로 회귀할 때, 공정성은 다시 당사자 간의 사적인 합의의 문제로 축소됩니다. 말하자면 자유주의 안에서도 '공정성' 개념은 하나가 아닙니다. 그것은 사회구조적으로 존재하는 불평등을 고려하지 않고 개인의 도덕성만을 강조하는 미시적 공정성일 수도 있고, 사회 불평등을 개선하려는 거시적 공정성일 수도 있습니다. 자유주의 공정성 개념의 이 두 갈래만을 볼 때, 한국의 586세대는 대체로 거시적인 공정성 개념을, 청년 남성들은 미시적 공정성 개념을 선호한다고 볼 수 있습니다.

7강 _____

한국
청년층의
공정성 개념

1. 기성세대의 '공명정대'와의 차이

    한국 사회에서 청년층의 공정성 의식이 여론에서 주목받은 계기는 2018년 평창 동계올림픽 남북단일팀 결성을 두고 벌어진 논란이었습니다. 이때 유독 청년층에서 남북단일팀 결성이 불공정하다는 인식을 드러냈는데, 이것은 남북 간 민족 통일의 당위성을 당연시하는 기성세대에게 매우 충격적이었습니다. 그리고 이를 계기로 언론에서는 기성세대와 매우 다른 청년층의 사회의식을 가리키는 말로 '공정성' 개념을 사용하기 시작했습니다. 이후 공정성 개념은 (특히 남성) 청년들의 집단적 주장 속에서 핵심적 근거로 거론되곤 했습니다. 앞서 포청천의 공명정대함이 기성세대 남성들에게 사랑받은 적이 있다고 했는데, 그렇다면 언론은 왜 청년층의 공정성 의식이 유난하다고 봤을까요?

앞서 전근대 왕조시대 중국문화에 근거한 포청천의 공명정대와 근대 이후 서구에서 뿌리내린 공정성 개념의 차이에 대해 살펴보았습니다. 한국 사회가 산업화를 성공적으로 일구면서, 한국 사회의 문화적 모범은 중국 왕조사회에서 근대 자유주의 사회로 점차 변했습니다. 한국의 산업화는 과거 후발 근대화 국가들인 독일, 일본과 유사하게 비민주적인 권위주의 정권 아래 소위 '발전주의'라는 명목으로 진행되었습니다. 이런 사회들에서는 전근대적이고 신분제적인 권위주의 왕정 정치의 문화가 산업화를 위한 학력 중시 시스템과 결합하면서, 비민주적 사회 정치 체제가 형성되었습니다. 흔히 이것을 '비동시적인 것의 동시성'이라고 부르는데, 그것은 전근대와 근대라는 비동시적 시대들이 동시에 공존한다는 뜻입니다.

한국 역시 비동시적 시대성이 공존하는 분위기 속에서 전통적 중국 중심 문화(특히 조선 이래의 소중화주의 유교문화)가 산업화와 근대적 제도 도입 속에 녹아들었습니다. 따라서 포청천과 같은 중국 전통의 공명정대함은 기성세대의 사회의식과 매우 잘 통합니다. 이것은 제3자의 관점에서 사회의 공익을 수호한다는 의미에서, 공정성에 대한 '사회적' 접근 방식이라고 할 수 있습니다. 그리고 그런 점에서 롤스의 정치적 자유주의와도 일맥상통하는 부분이 있습니다. 물론 롤스는 단순히 불편부당만이 아니라 그것이 헌법 질서의 근간이 되어야 한다고 보았다는 점에서, '근대적'이고 또 '민주주의적'입니다. 즉 포청천이 보여준 한 관료의 미덕과 달리, 정치적 절차의 제도화를 강조하는 '근대 정치적' 접근 방식입니다.

그런데 한글 전용 교육과 특히 1987년 정치 민주화 이후 서구적 자유주의 학교 교육의 세례를 받고 게다가 미국 유학을 최고로 치는 교육 풍토 속에서 자란 지금의 청년들은, 이제 중국 전통문화보다 근대 서구 자유주의 문화에 훨씬 더 익숙한 세대가 되었습니다. 그리하여 청년층에서 사용하는 공정성 개념은 서구 자유주의 교육을 받은 적이 없는 기성세대에게는 매우 낯선 개념으로 느껴질 수밖에 없습니다. 말하자면 더 이상 중국식 사자성어가 아니라, 영어에서 번역된 개념으로 이해되고 또 주장된다는 것입니다.

기성세대는 시대를 따라잡기 위해 서구 자유주의 정치 제도를 도입해야 한다는 당위성과 서구 문명의 병폐인 개인주의 역시 유입될 수 있다는 불안감이 뒤섞인 특유의 도덕의식을 보입니다. 그들에게 개인주의는 이기주의와 동의어로 이해되기 때문입니다. 그러나 자유주의 교육을 받은 청년들은 근대 개인주의가 자유주의와 불가분의 관계이며 이기주의와는 다르다는 것을 어렴풋이라도 알고 있습니다. 그리고 청년층이 주장하는 공정성은 바로 이러한 자유주의적 개념이기 때문에, 기성세대는 그에 대해 계속 이물감을 느끼며 '이기주의'라는 혐의를 걸고 있는 것입니다.

물론 기성세대의 도덕의식이나 정치의식이 모두 똑같지는 않습니다. '세대'라는 표현 자체가 평균적 차이만을 강조하는 말이기 때문입니다. 평균을 강조하면 내부의 차이가 묻히기 마련입니다. 한편 기성세대 내에서도 '민주화 세대'라고 불리는 연령층은, 과거의 권위주의 정치체제에 대항하여 정치적 민주주의 절차를 확립하려고 노력했습니다. 민주화 세대는 '산업화 세대'라고 불리는 그 이전 세대('발전주의 세대')와 달리, 앞서 본 롤스의 정치적 자유주의에 상당히 호의적입니다.

그러나 정치 민주주의와 공공성을 강조한다는 점에서만 그렇고, 개인주의에는 그들이 오히려 발전주의 세대보다 더 큰 도덕적 거부감을 보이기도 합니다. 왜냐하면 절차적 민주주의가 상당히 뿌리내린 오늘날의 상황에서, 발전주의를 옹호하는 '보수' 세력은 '전통적 가치'보다 오히려 '신자유주의 가치'를 옹호하는 경제적 자유주의 세력으로 변화하고 있기 때문입니다. 이런 점에서 자타공인 '진보' 성향의 민주화 세대는 오히려 전통적인 '공동체적 관계'를 지키려는 '보수적' 성격을 보인다고 할 수 있습니다.

앞서 말했듯이 청년층이 앞선 세대와 가장 다른 점은, 그들이 근대적 개인주의를 당연시한다는 사실입니다. 즉 청년층은 기본적으로 자유주의를 당연시합니다. 그런데 '발전주의'는 개념상 '자유주의 없는 경제 발전'을 의미하므로, 발전주의 속에서 살아온 기성세대는 자유주의가 익숙하지 않습니다. 다만 청년층이 주장하는 자유주의적 공정성 개념이 고전 경제학으로 회귀한 신자유주의적 개념인지 아니면 롤스의 정치적 자유주의 개념인지는 아직 판단하지 않겠습니다. 언론이나 학자들의 관찰에 따르면, 청년들은 전근대적 지위 세습에 반대하여 근대적 능력주의 원칙에 따른 분배를 옹호하고 그것을 공정성으로 이

'근대화한 신분제' 문제: 자유주의의 이중성

1. 자유주의의 모순

1) 전근대적 세습윤리 탈피, 능력주의 노동윤리 주장
2) 능력주의에 기초한 재산 축적 및 소유 격차를 당연시 → 다시 '세습'의 가능성 창출
⇒ 세습자본주의 대 능력주의의 관철

2. 자연법적 인권 개념의 모순

1) 만인은 자유롭고 평등하다
2) 인간은 자연적으로 양성, 즉 인권은 양성으로 나뉜다
⇒ 만인의 평등권 대 '자연적' 성차별

해한다고 합니다. 또 그런 이유에서 경제적 자유주의에 더 가깝
다고도 합니다.

그러나 정치적 자유주의 역시 기본적으로 근대적 평가
원리인 능력주의에 근거합니다. 다만 능력의 타고남이나 능력
형성 과정에서 불가피하게 작용하는 우연성, 즉 태생적·사회
적 불평등 문제를 함께 고려할 뿐입니다. 롤스가 그것을 사회의
공정한 기본구조 구축을 통해 공식적으로 해결할 문제라고 설
명했기 때문에, 그것은 '정책'의 대상입니다. 민주화 세대에게
는 롤스의 정치 철학이 '공정성'보다는 오히려 '사회정의'의 개
념으로 수용될 것입니다. 그러나 롤스가 '공정성'을 '사회정의'
의 핵심 개념으로 설명하기 위해 굳이 경제학적 설명 방식을 고
수했듯이, 자유주의에서 '공정성'은 개인주의적 개념입니다. 즉
그것은 '개인의 이익'에서 출발하는 개념입니다.

개인주의를 죄악시하고 공동체의 도덕적 연대를 수호하
려는 민주화 세대는 포청천의 공명정대한 원칙이나 롤스의 차
등의 원칙(약자 보호)을 '공공성'의 문제로 봅니다. 반면 70% 이
상의 대졸 학력자끼리 극심한 경쟁을 해야 하는 청년세대에게
공정성은 '공정한 경쟁'의 원칙으로 이해됩니다. 이들이 능력주
의에 민감한 것도 단지 그들이 개인주의자들이기 때문만은 아
닙니다. 민주화 이후 한국 사회에서 공식적으로는 근대적 선별
원칙인 능력주의가 천명되고 있으나, 실제로는 비공식적인 변

칙적 걸러내기가 여전히 진행 중이기 때문이기도 합니다.

그리고 여기서 '청년'을 하나의 세대로 통칭하기 어렵게 만드는 새로운 현상이 추가됩니다. 과거와 달리 현재 청년세대에게는 성별 차이가 매우 명확하기 때문입니다. 예를 들어 청년 여성은 '성별에 의한' 걸러내기, 즉 '남성이 곧 스펙'이라고 표현되는 불공정성에 민감하고, 청년 남성은 '부모 찬스'에 의한 걸러내기, 즉 '수저론'에 민감합니다. 이것은 정치 성향의 차이로까지 이어져서, 청년 여성은 '자생적 페미니스트' 첫 세대가 되었습니다. 반면 청년 남성들은 민주화 세대가 약속한 '공정한 절차, 정의로운 결과'의 결과가 '수저 계급'이라는 데 분노를 표출했습니다. 그들은 또 민주화 세대 남성이 노동시장 경쟁에서 전혀 고려할 필요가 없던 '또래 여성'을 일자리 경쟁자로 고려해야 한다는 시대 변화 역시 불공정하다고 느낍니다. 그리고 그런 남성 세대 간 변화의 와중에 정치공학적으로 청년 남성의 표와 청년 여성의 표를 저울질해 온 민주화 세대 남성 정치인들에게도 분노를 표현했습니다.

2. 청년 내부 남녀 간 공정성 의식의 차이

이것은 사실 한국 사회만의 문제는 아니고, 근대 자유주의 질서의 이중성과 관련된 딜레마입니다. 우선 성별 불평등과 관련해서, 근대 자유주의에서는 그것을 매우 자연스러운 현상으로 규정해 왔습니다. 논리적으로만 보면 성별 귀속 역시 롤스를 포함한 평등주의자들이 문제로 지적한 '태생적 우연성'의 문제이기 때문에, 그로 인한 불평등을 자연스러운 것으로 본다면 그것은 신분제적 사고라고 할 수 있습니다. 그러나 근대 자유주의 철학자들, 그중에서도 특히 평등과 공화주의를 강조한 동시에 자연을 찬양한 낭만주의자이기도 했던 루소는 성별을 순수한 '자연적' 속성으로 규정하고 그 범주의 사회적 성격을 부정했습니다. 이처럼 성별을 사회적 평등과 전혀 무관한 개념으로 보는 관점은 롤스에 이르기까지 변하지 않은 자유주의의 특성입니다.

성별이라는 '타고난(귀속적)' 지위를 '평등'의 사회적 의미 지평 안으로 들여온 관점이 바로 페미니즘입니다. 약자를 배려하는 롤스의 공정성 이론과 (특히 자유주의 계열) 페미니즘 간의 차이는, 예를 들어 롤스가 말한 사회계약의 시초 상황에서 '무지의 장막'이 사람들의 성별에 대한 무지까지 포함하느냐의 문제라고 할 수 있습니다. 롤스는 그 시초 상황의 참여자들이 자녀들의 미래를 고려하는 '아버지들'이라고 보는 전형적인 자유주의 관점을 끝까지 고수했습니다. 이것을 페미니즘에서는 흔히 '근대적 (또는 자유주의적) 가부장제'라고 부릅니다. 반면 페미니즘에서는 말하자면 시초 상황의 참여자들이 자신들의 타고난 능력과 사회적 계층뿐만 아니라 성별과 장애 여부 등에 대해서도 무지한 상태여야만 공정한 절차를 만들 수 있다고 봅니다. 그리하여 롤스의 정의론에 대한 비판을 통해 할당제 등에 대한 요구가 제기되었습니다.

이처럼 불평등을 없앨 수는 없어도 그것을 '공정한 불평등'의 수준으로 제한해야 한다는 롤스의 정치적 자유주의 역시 성, 인종, 장애 여부, 국적 등 사실상 근대 사회에서도 여전히 존재하는 '귀속 지위의 불평등'은 전혀 고려하지 않습니다. 근대 자유주의에서 '불평등' 개념은 '성취 지위의 불평등'만으로 정의되어 왔기 때문입니다. 이것은 마르크스주의 '계급' 개념에서도 마찬가지입니다. 근대 사상에서 '귀속적 지위의 불평등'은 전근대적 특성으로 분류되어 오랫동안 무시되었습니다. 롤스 역시 근대적 지위 성취를 위한 요인으로 능력주의 하나만을 고려하여, 그것의 우연적·사회적 불평등을 제거하는 것이 공정성이라고 본 것입니다. 따라서 능력주의를 강조하고 또 반페미니즘적 특성을 보이는 현재 한국 남성 청년들의 공정성 개념을 단순히 신자유주의적이라고만 단정할 수는 없습니다.

한편 의도하지 않은 부작용이라고 할까요? 롤스의 논의는 '약자 배려'의 원칙을 경제적 약자 계층뿐만 아니라 모든 사회적 약자를 포함하는 논의로 확대할 가능성을 여는 계기가 되기도 했습니다. 그리하여 고전적인 경제적 자유주의로의 회귀 움직임이 시작된 1980년대 이후의 '신보수' 분위기 속에서, 문화와 국적의 불평등 문제를 제기한 공동체주의, 다문화주의, 시민의 정치적 참여와 소수자 집단의 주류화를 강조한 공론화 정치, 차이의 정치, 인정의 정치 등 여러 갈래로 민주주의 정치를 개선하려는 움직임을 불러왔습니다.

어쨌거나 결국 청년세대의 공정성 개념은 산업화의 성공과 함께 부지불식간에 한국인의 삶에 자연스럽게 스민 서구 자유주의에 대한 선택적 대응 방식이라고 할 것입니다. 남성 청년들은 서구 자유주의와 매우 유사한 방식으로 공정성 개념을 이해하고 주장합니다. 그러나 여기서 서구와의 차이도 발견되는데, 그로 인해 아마도 '신자유주의적'이라는 혐의를 받는 것 같습니다. 왜냐하면 서구 자유주의 역사에서 개인주의는 '사적 개인 되기'뿐만 아니라 '공적(정치적) 개인 되기'의 문제이기도 했기 때문입니다. 자유주의에서 개인의 '정치적 주체 되기'는 '경제적 주체 되기'만큼 핵심적입니다. 그리고 여기서 '개인'은 롤스의 경우처럼 남성이었습니다.

그런데 현재 한국 남성 청년들은 '경제적 주체 되기' 측면에서만 공정성을 주장한다는 인상을 줍니다. '정치적 주체 되기' 측면에서 청년 남성들은 오히려 온라인 커뮤니티의 익명화한 대중 속에 숨어 있습니다. 이것은 근대 초기 신분제에 맞서 부르주아 정치혁명을 주도한 자유주의 개인의 모습이 아닙니다. 그것은 오히려 아도르노가 비판한 파시즘 시대의 특징, 즉 '군중 속으로 소멸하는 개인'에 더 가까운 모습입니다. 이 지점에서 자유주의가 신자유주의화, 신보수주의화하고, 다시 극우화에 자리를 내주고 있는 현대적 상황이 중첩되어 있다고 생각합니다.[41] 이 또한 점점 복잡해지는 '비동시적인 것의 동시성'일 것입니다.

여러 질적·양적 조사 자료들을 참고할 때,[42] 청년 여성들은 자유주의 평가 원칙인 능력주의를 현실 원리로 보고 또 현재 통용되는 공정성 개념이 그것을 의미함을 인지하고 있습니다.

청년층 남녀 간 개인주의의 차이

- **청년 남성의 개인주의** (집단주의 반대, 사적 개인주의)

  - 경제적 주체 지위 인정 열망, 정치적 주체화 없는 자유주의, 경제적·사적 자유주의(신자유주의적 공정성)

- **청년 여성의 개인주의** (동등한 시민권, 공·사 양면 개인주의)

  - 정치적 주체화 없이 경제적 주체화 없다, 개인 다양성 주장, 동시에 근대 서구 자유주의에 비판적인 서구 페미니즘 수용

⇔ 개인주의에 대한 기성세대의 인식: '동도서기론'의 연장?
산업화는 Yes, 민주화도 Yes, 개인주의는 No!

그러나 청년 남성들과 달리 청년 여성들은 '능력주의'나 '공정성'이 자신들의 중요한 의제라고 생각하지 않는 경향이 강합니다. 한편으로는 직·간접적 경험을 통해 능력주의가 성별 범주에 가로막힌다는 현실 인식을 갖기 때문입니다. 그러나 다른 한편으로는 능력주의 원칙 자체가 불평등 문제 해결을 위해 불충분하다는 견해 역시 강합니다. 따라서 불공정한 현실에 대해서와 마찬가지로, 공정성 개념에 대해서도 비판적이거나 회의적입니다.

이들은 어머니의 삶에 대한 관찰이나 선배들을 통한 간접 경험, 본인들의 직접 경험을 통해서, 능력주의가 남성들 간의 비교 원리로 제한되는 자유주의 질서의 한계를 체험하고 있습니다. 서구의 페미니스트들이 지적해 온 내용, 즉 서구 근대 자유주의의 태생적인 남성중심성에 대한 지식을 한국의 청년 여성들은 페미니즘 공부를 통해서뿐만 아니라 실제 생활을 통해 몸으로 쌓고 있습니다. 과거에 비해 민주적인 가정의 기대 속에서, 그리고 남녀 간의 학력 격차가 거의 없거나 여학생의 실력이 더 두드러지곤 하는 학교 교육 속에서 청년 여성들은 능력주의를 보편적 평가 원리로 이해합니다. 그러나 중등교육 단계를 지나 성인이 되면, 이들은 기성세대 여성들이 마주해야 했던 기존의 가부장적 사회와 별반 다르지 않은 세상으로 들어갑니다.

청년 남성과 마찬가지로 청년 여성들도 이처럼 자신들의 기대나 믿음과 어긋나는 현실의 결과를 마주합니다. 그러나 남성들과 달리 여성들에게 이것은 공정하게 적용되는, 즉 '부모 찬스(세습) 없는 능력주의'로 해결될 수 있는 문제가 아닙니다. 성별로 인한 차별은 태생의 차이가 곧바로 사회적 차별로 연결되는 (그러나 동시에 지극히 근대적인) 신분제의 굴레처럼 경험됩니다. 따라서 자유주의 없이 산업화를 겪은 한국에서는 산업화 성공 이후에야 뒤늦게, 현재의 청년 여성들이 신분제적 굴레에 저항해 성취를 이루려는 근대적 '개인주의' 주체로서, 시민정치의 주체로 자각하게 됩니다.

특히 2016년 강남역 살인사건 이후 청년 여성들은 온라인 커뮤니티의 익명성 속에 머물지 않고 오프라인 광장에 나와 자신들의 목소리를 정치적으로 공론화하는 '공민'으로 등장했습니다. 이전에 정치적 공론장을 주도한 민주화 세대 남성들이 전통적인 '수직적 가부장제(아버지의 아들 지배)'를 끝내 거부하지 못한 '비개인주의적 경로'의 정치적 주체 되기를 실천했다면, 현재 청년 여성들은 전통적인 수직적 가부장제뿐만 아니라 근대적인 '수평적 가부장제(성인 남성에 의한 성인 여성의 지배)'까지 거부하는, 한층 더 개인화한 주체 되기를 추구합니다. 이 역시 현재 세계의 새로운 맥락에서 재편되는 '비동시적인 것의 동시성'을 드러내는 현상입니다.

이처럼 한국 청년세대에서 성별에 따라 갈리는 공정성 의식은 한국 청년세대의 새로운 개인주의 문화 역시 성별로 갈리고 있음을 시사합니다. 청년 남성은 광장에서 공론화를 주도하는 정치적 주체로 나서기보다는 사생활에서 개인적 선택을 중시하는 절반의 '사적 개인주의' 경향이 강합니다.[43] 동시에 그들은 기능주의적 계층 이동성을 정당화하기 위한 원칙인 능력주의의 함정을 드러내는 또 다른 불평등 범주들을 '공정성' 개념에서 배제합니다.

반면 여성들은 사회정치적 공론화를 통해서만 불평등에 대응할 수 있다는 인식을 드러내며 '공적 개인 되기'의 경로 역시 취하고 있습니다. 이것은 사적 소유와 생활의 자유 그리고 공적 시민으로서 정치적 자유를 통합적으로 주장했던 근대 자유주의의 흐름에 오히려 더 가깝습니다. 그러나 서구 페미니즘과 유사하게 그들은 또한 근대 자유주의의 남성중심주의에 반대하는데, 이 점에서 근대 자유주의와는 다른 양상 역시 나타납니다. 이처럼 한국의 청년 남녀는 모두 서구 개인주의, 서구 자유주의의 경로와는 구별되는 방식으로, 그리고 시간적으로도 산업화 이전이 아니라 오히려 그 이후에, 고유한 경로의 개인주의화를 겪고 있습니다.

8강

근대
자유주의와
벡의 개인화
이론

1. 근대 초기 자유주의 개인화의 역설: 새로운 신분제적 공동체로의 재편

　　민주화 세대에 속하는 많은 사람이 한국 청년층의 공정성 개념이 신자유주의적이라는 비판을 합니다. 앞서 살펴본 경우와 비교하면, 신고전주의자인 고티에의 공정성 개념과 유사할 것입니다. 그런데 여기서 남녀 간 공정성 개념에 대한 태도가 다르다는 사실을 이미 언급했습니다. 청년 남성들은 제3자의 관찰이라는 관점이 불가피한 '사회적 접근' 방식보다는 '나 아니면 너의 이익'이라는 시장 호혜성의 미시적 관점에서 공정성을 주장하는 경향이 강합니다. 반면 청년 여성들은 성별 간 불평등뿐만 아니라 여러 '사회적 약자'들에 대한 다차원적 불평등을 고려하는 한층 거시적인 관점에서 문제를 제기하기에, '공정성'보다는 오히려 '평등'을 주장하는 경향이 강합니다.

앞서 한국 청년 남녀 간 개인주의 문화의 이질성에 대해 살펴봤는데요. 청년층에서 나타나는 성별 간의 그런 이질성을 울리히 벡의 개인화 이론에 기대어 사회학적으로 설명할 수 있습니다. 벡은 서구에서 산업화가 성공적으로 제도화한 이후, 즉 산업사회 체계가 사회 전체를 지배하게 된 1960년대 이후에, 오히려 산업사회 제도 '내부에서' 변동이 진행 중이라고 관찰했습니다. 그리고 그것을 근대화 초기의 자유주의적 개인화와 구별되는 새로운 개인화의 현상이라고 불렀습니다. 벡은 이것이 근대 초기 개인화의 연장선에 있는 '제2개인화'이자 초기 개인화에 대한 자기 성찰의 결과인 '성찰적 개인화'라고 설명했습니다.[44]

그래서 벡은 근대 초기의 개인화를 '제1개인화'라고 부르고, 그것을 의미론적으로 정당화한 규범적 뿌리를 종교개혁에서 찾았습니다. 이것은 베버의 관점을 계승한 것입니다. 여기서 '개인화'란 규범적 차원의 정당화 이전에 '행위'들을 통해서 진행되는 현상입니다. 즉 행위의 패턴들이 개인 중심적으로 바뀌는 것입니다. 종교개혁은 서구에서 산업화보다 100년 넘게 앞서서 진행되었습니다. 그런 규범 변동이 있어서 자본주의가 가능했다고 막스 베버는 설명했습니다.[45] 사회학적으로 볼 때 종교개혁은 단순한 기독교 교리의 변동이 아니라, '신' 중심의 (외부로부터 통제하는) 규범에서 개인(양심) 중심의 내부로부터 통제하는, 즉 푸코가 말한 '자기 규율적' 규범으로의 변동을 말합니다.

　'개인화'가 개인주의 규범의 정상화를 통해 정당화되면서, 서구에서는 '개인주의 사회'라는 역설이 성립하게 됩니다. '개인이 사회적 정당성의 근거가 되어 모두 자기 마음대로 행동하는데 어떻게 사회라는 집단적 결속이 가능한가?'라는 문제가 제기된 것입니다. 그리고 이 질문이 바로 사회학이라는 학문을 탄생시켰습니다. 그 역설의 해결책을 가장 고민한 사람이 바로 19세기 사회학자 뒤르켐이었기 때문입니다. 현대 사회학에서는 에밀 뒤르켐 이전의 마르크스 역시 사회학자로 꼽지만, 오랫동안 사회학의 원조는 뒤르켐이라고 주장되었습니다. 개인주의의 원심력과 사회적 집단화의 구심력 간의 길항작용을 뒤르켐은 '유기적 연대'라는 생물학적 개념을 통해 설명했습니다. 이 개념은 2차 대전 이후 미국의 기능주의 사회학에서 채택되었고, 루만의 '신기능주의'에 이르면 복잡계 인지생물학에 기댄 새로운 설명 방식을 얻게 됩니다.

　종교개혁에 앞선 구텐베르크의 금속활자 제조 덕에 이제는 누구든 성경을 직접 읽을 수 있게 되었습니다. 따라서 성경을 직접 읽어 개인은 자신의 양심에 따라 신의 뜻을 판단하라!

이것이 바로 종교개혁이 가져온 규범 변화의 핵심입니다. 이 새로운 교리를 통해서 외부의 지배로부터 자유로운 '개인'이라는 낯선 개념이 생겨나고, 사람들이 맺는 관계에서 공/사 개념이 분리됩니다. 휴머니즘 시대에는 과거 그리스의 개념을 따라 공적인 것은 정치적인 것(polis), 사적인 것은 경제적인 것(oikos)을 의미했습니다. 그러나 베버가 설명했듯이 산업화 이후에는 공장과 가정이 공간적으로 분리되면서 '사생활' 개념이 한층 뚜렷해집니다. 서구 페미니즘에서 말하는 공/사 분리란, 산업화 이후의 이런 공간 분리에 기초한 '정치·경제/가족'의 분리를 말합니다.

한편 시민계급의 이익을 보장하는 산업화가 진행되면서, 도시의 노동자 남성들은 처음에는 기계파괴운동 등 과거로의 복귀를 시도하지만 실패합니다. 그리고 시대적 흐름 속에서 생존을 위해 '계급(마르크스)' 또는 '사회계급(베버)'의 형태로 뭉치게 됩니다. 이것은 개인주의적 시민계급의 '형제애' 이념에 기초한 '유기적 연대(뒤르켐)'와는 매우 다른 연대의 형태로서, 도농 간의 노동자 인구 이동을 관통하는 새로운 생활공동체이자 이익공동체인 '계급공동체'입니다. 이렇게 해서 새로운 근대적 공동체인 계급공동체가 형성되어, 노동자계급 고유의 생활양식과 놀이문화, 정치적 행동 양식 등을 이루게 됩니다.

계급공동체를 통해 남성 노동자들이 시민계급에 대한 정

치적 협상력을 키우면서, 여성들은 일률적으로 '자녀를 낳고 가족을 돌보는 모성 역할'과 동일시되는 과정을 겪습니다. 이른바 가족이라는 '사생활의 영역'이 형성되고, 그것은 남성 가장의 권리를 통해 법적으로 대표되며, 여성은 공적 시민권에서 배제되는 '사적 존재화' 또는 '가내화'가 진행된 것입니다. 이런 소위 '친밀성' 영역의 '핵가족 공동체' 역시 과거에는 없던 새로운 공동체입니다. 산업화가 확대되며 근대적 핵가족 공동체의 형태가 보편화되면서, 서구 산업사회에는 두 개의 근대적인 새로운 공동체, 즉 '계급'이라는 공적 공동체와 '핵가족'이라는 사적 공동체가 제도화되었습니다.

제1개인화의 역설

- **자유주의적 '개인'의 이념형: '사적 소유의 주체'**

  - 재산 소유: 시민적, 소시민적 재산 소유자
  - 가족 소유: 아내와 자녀를 소유하는 사생활 소유자

- **무소유 남성, 여성 일반은 '개인' 지위에서 제외**

⇒ 남성 무소유자: '계급공동체' 결성으로 정치적 대응
  여성: 남성의 사생활 관리자로 '사적 존재화'

2. 산업사회의 고도 발전이 불러온 제2개인화

이처럼 자유주의 철학에서 주장하는 바와는 다르게 근대가 펼쳐지며 현실에서는 공동체 관계가 새롭게 부활했고, 노동자계급 남성들과 여성 일반에게는 개인주의가 사실상 제한되거나 불가능한 이념에 불과했습니다. 그런데 산업화 이후 제1, 2차 세계대전을 거치며 서구에서 대량생산-대량소비 체계로 산업사회 발전이 그 정점에 도달하면서, 노동자계급의 중산층화가 진행되고 국민국가별로 복지 정책들이 시행되었습니다. 영국 사회학자인 토머스 험프리 마셜의 표현을 빌리면, 시민권이 사회권(생존권)을 포괄하는 방식으로 확대된 것입니다. 사회권이 법제화되어 법치국가가 보장하는 시민의 권리가 확대되면서, 노동자들에게도 '소유'의 주체로서 '개인'이라는 정체성이 강화됩니다.

그리하여 피고용자들은 자신을 노조나 노동자 정당으로 대표되는 계급공동체의 구성원만이 아니라, 개인 자격으로 법적 권리를 주장할 수 있는 '시민'으로 인식하게 됩니다. 벡이 말하는 '제2개인화'에는 이렇게 노동자층에서 계급공동체가 약화하고 시민 정체성이 커지는 과정이 포함됩니다. 이런 '계급의 개인화'를 벡은 상당히 긍정적으로 평가하여, 노동자계급 내 문화적 다양성의 증가를 강조했습니다. 그러나 노동자계급의 중산충화를 뒤따라 바로 신자유주의화와 그로 인한 대량실업(구조조정), 노동시장 불안정화가 시작되었습니다.

1980년대 후반 이후 한국 사회 역시 이와 유사한 경험을 거쳤습니다. 다만 한국에서는 1960년대 산업화 이후에도 노동자의 계급공동체 형성이 진행되지 않았고, 1987년 정치 민주화 이후 울산 등의 중공업 도시를 중심으로 아주 짧은 시기 동안 계급공동체 의식이 출현했을 뿐입니다. 따라서 한국에서는 노동자계급의 중산충화를 뒤따른 신자유주의화 물결에 대해 노동자계급의 공동체적 대응이 훨씬 미약했고, 결과적으로 신자유주의화가 부른 노동의 불안정화가 훨씬 더 빠르고 수월하게 진행되었습니다. 그 결과, 후속 세대인 청년층의 일자리 기회나 일자리의 질은 서구 청년층의 그것과 비교할 때 훨씬 더 열악한 상황입니다.

어쨌든 산업사회 발전의 이러한 굴곡 속에서 피고용자층에게 개인화의 의미는 부정적으로 전환됩니다. 예를 들어 '독신' 현상이 처음에는 자발적인 혼인 미루기나 '비혼'의 새로운 생활양식으로 인식되었으나, 이제 특정 계층의 경우에는 점점 더 강요된 선택으로 변화하고 있습니다. 출산을 포기하고 직업적 생존에만 몰두하는 현상 역시 단순한 개인의 '자아 추구'가 아니라 구조적 강제라는 인식 역시 확대되고 있습니다. 노조 조직률 하락과 노동자 정당(유럽의 사회당, 사회민주당)의 약화와 발맞

춘 사회변화 역시 삶의 다양성 증가에서 정치의 극우화로 변화하는 중입니다.

그러나 개인화가 이렇게 부정적 의미를 띠게 된다고 해서, 그것이 이미 부정적 의미로 전환했다고 보아야 하는 것은 아닙니다. 부의 증가 그리고 노동자계급의 중산층화 추세와 함께 커졌던 다양성에 대한 열망 역시 지속되고 있습니다. 사회적 인정에 대한 요구와 갈등이 다양해지고, 전통적 자유주의로 해결하기 어려운 목소리들이 계속 표출됩니다. 그런데 벡은 독일 비판이론의 전통을 이어받아, 자신이 '너무나 정상적인 무질서'라고 부른 이런 문제들을 근대적 '주체 해방'의 이념으로 극복할 수 있다고 보았습니다. 또 그런 의미에서 서구 사회의 제2개인화가 결코 아노미를 의미하지는 않는다고 확신했습니다.

이처럼 복잡한 내용을 지닌 노동자계급의 개인화와 함께, 벡은 '여성의 개인화'를 같은 시대성 속에서 일어나는 또 하나의 새로운 개인화로 꼽았습니다. 벡이 말하는 제2개인화란, 산업화 성공의 열매와 그에 수반된 새로운 위험 속에서 제1개인화에서 배제되었던 집단들이 뒤늦게 개인화하는 현상을 일컫습니다. 앞서 보았듯이 노동자계급 무산자 남성과 여성이 대표적으로 근대 초의 개인화에서 배제되었던 집단입니다. 계급의 개인화와 마찬가지로 여성의 개인화 역시 긍정적, 부정적인 양 측면을 갖는데, 벡은 여성의 경우에 한층 더 긍정적 측면을 강조했습니다.

　　여성들 역시 산업화 성공이 가져온 부의 증가 속에서 교육 수준이 높아지고 인권의식과 시민의식이 강화됩니다. 따라서 흔히 '페미니즘 제2의 물결'이라고 부르는 새로운 페미니즘의 요구들이 나타나고, 사회가 때때로 그에 부응하기도 합니다. 그러나 요구가 강한 데 비해 제도적 변화는 너무 느리고 어렵기 때문에, 여성들이 페미니즘 공동체를 유지하기보다 오히려 개인화로 갈 것이라고 벡은 예상했습니다. 근대적 계급공동체의 예와 달리 여성들은 역사 속에서 여성공동체를 형성하기는커녕 개인 남성들의 사생활 영역에 뿔뿔이 분산되어 있었습니다. 게다가 무엇보다도 당시의 페미니즘은 계급운동과 같은 '구사회운동'의 맥락이 아니라, 새로운 개인화로 특징짓는 '신사회운동'의 맥락에서 진행되었기 때문입니다.

　　현대의 여성들은 무엇보다 근대적 성역할 규범과 그것의 구조적 기제인 핵가족 공동체, 즉 남성의 사적 권리 밑에 있는 생활공동체의 구속으로부터 해방을 추구합니다. 계급공동체가 산업사회에서 노동자 남성들의 지위를 향상하는 기제로 작용했다면, 핵가족 공동체는 반대로 여성을 속박하는 작용을 했습니다. 따라서 벡은 여성 개인화의 '해방적' 성격을 강조했고, 그것을 근대 자유주의 '해방' 이념의 연장선상에서 이해했습니다. 이후 서구에서 여성의 개인화는 벡의 예상에서 어긋나지 않는 방향으로, 즉 제도를 상당히 변화시키는 방향으로 연결되었습니다.

페미니즘은 근대적 성역할로부터 해방을 요구하는 집단화한 정치적 목소리로서, 여성들의 공적·사적 양면의 개인화를 요구합니다. 그러나 그를 위한 제도 변화가 쉽지 않을 때, 여성들은 각자의 사적 선택을 통해서도 해방을 추구할 수 있습니다. 그리하여 그들이 사적으로 선택한 결과들이 먼저 '여성 개인화'의 현상으로 나타납니다. 무엇보다 결혼·출산 등의 모성 역할보다 경제적 행위자의 역할을 선택함으로써 자율적 개인의 지위를 확보하고자 합니다. 그리고 포디즘 시대와 달리 일·가족 양

제2개인화

1) 계급의 개인화

- 노동자 계급의 중산층화(1980년대까지)
- 신자유주의화와 노동자 지위 불안정성 확대(1990년대 이후)
⇒ 생애위험의 개인화(특히 남성 노동자의 불안 증가)

2) 여성의 개인화

- '새로운 여성운동' 등장(페미니즘 '제2의 물결')
- 탈포디즘, 신자유주의화(일/가족 양립 강조)
⇒ 서구에서 여성의 개인화가 어느 정도 성공적으로 제도화됨

립을 내세우는 신자유주의의 흐름 속에서, 여성들은 일자리의 불안정성 못지않게 새로운 노동시장의 기회 역시 기대합니다.

　　이처럼 제2개인화는 성별로 상이한 위험과 기회를 제공합니다. 따라서 벡은 '위험사회의 사회문제'는 남녀 간의 미시적 갈등이라는 형태로 나타난다고 설명했습니다.[46] 그리하여 구조 변화의 문제가 오히려 빨래는 누가 할지, 결혼과 동거 중 무엇을 선택할지, 아이를 낳을지 말지, 누구의 일자리 근처에 주거지를 정할지, 장거리 연애의 문제는 어떻게 해결할지 등을 둘러싼 갈등으로 표출된다는 것입니다. 그러나 벡은 이런 갈등이 그야말로 개인들 사이의 '미시적' 갈등일 뿐, 한국의 '젠더갈등'처럼 정치적 대립으로까지 커질 것이라고는 생각하지 않았습니다.

　　한국과 마찬가지로 서구에서도 노동시장의 불안정화에 더해서, 노동시장에 새로운 경쟁자들이 출현하면서 남성 피고용자들의 생애 위험에 대한 불안을 가중합니다. 한국에서 젠더갈등이 격화한 바탕에는 노동시장에서 또래 여성과 경쟁해야 하는 청년 남성들의 '새로운 생애 위험'이 작동하고 있습니다. 그러나 서구에서는 여러 제도화를 통해 여성들의 노동시장 진입이 한국보다 훨씬 수월하게 진행되었습니다. 그리하여 오히려 '외국인'이나 '난민'이 남성 노동자들의 생존 불안을 가중하는 새로운 경쟁자로 인지되고 있습니다. 말하자면 서구에서 '여성의 개인화'와 관련해서는, 벡이 고무하고자 한 '성찰적 근대화'가 어느 정도 성공한 듯 보입니다. 물론 최근 미국 대통령 선거에서 트럼프가 승리한 데는, 그의 반페미니즘 공세가 큰 역할을 하기도 했지만요.

어쨌든 여기까지만 보면, 제2개인화 속에서 남성들은 개인화한 생애 위험을 앞세워 수세적이고 보수적으로, 여성들은 근대적 해방의 이념을 궁극적으로 완성하려는 진보적 태도로, 양극화가 나타난다고 볼 수도 있겠습니다.[47] 그러나 벡은 남녀 간의 이러한 이익 갈등을 포함한 모든 '이익 갈등'을 탈바꿈 중인 현대사회에서 '산업사회' 측면의 문제로 설명합니다. 그에 따르면 산업사회는 애초부터 집단적 타자화를 통해 사회적 배제를 작동하는 구조를 갖췄습니다. 그것을 가장 분명하게 드러낸 것이 바로 나치에 의한 유대인 학살입니다. 이것은 마르크스가 말한 자본주의 법칙 또는 계급론과는 다른 방식으로 산업사회의 불평등을 설명하는 내용인데, 이 지점에서도 벡은 아도르노의 비판이론을 계승했습니다.

그러나 아도르노와 달리 벡은 1960년대 이후 사회변동 중인 현대사회가 더 이상 '산업사회' 개념만으로는 파악될 수 없고, '위험사회'의 개념이 필요하다고 보았습니다. 우리가 살고 있는 시점에 서구 사회는 단순한 산업사회가 아니라, 산업사회에서 위험사회로 탈바꿈 중이라고 보았기 때문입니다. 즉 산업사회 측면과 위험사회 측면이 서로 경합하는 관계에 있습니다. 여기서 벡은 탈바꿈을 의도적으로 재촉하기 위해 '성찰적 근대화'를 제안했습니다. 성찰적 근대화란 근대적 '해방의 이념'을 관철한다는 의미에서 여전히 '근대화'지만, 산업사회라는 '반쪽 근대' 사회를 '이차적으로 근대화'한다는 의미에서 산업사회를 벗어나는 것입니다. 이것이 벡이 여러 '탈(post)-' 담론들을 정리한 방식입니다. '탈-'이라는 접두사는 일방적 단절이 아니라 단절과 연속의 변증법을 지칭해야 한다는 것입니다.

따라서 제2개인화는 (서구 남성 시민계급 중심의) 근대 개인주의 규범과 단절하는 현상이 아니라 오히려 '성찰적 개인화'입니다. 산업사회의 반쪽 개인주의가 준신분제적으로 배제한 타자 집단(여기서는 여성과 노동자계급 남성)을 '동등한 개인'으로 인정하기 때문입니다. 벡이 비판이론에 근거하는 만큼, '위험사회'는 근대화론자들이나 마르크스주의자들이 말하는 진화론적 또는 역사적 발전 단계 등의 '객관적 규칙성'을 의미하지 않습니다.

'산업사회'나 '위험사회'는 '사회의 자기 인식'으로서, 사회 속에서 사람들이 사회를 지각하고 인식하는 방식을 말합니다. 이처럼 벡의 '산업사회' 개념은 기능주의 사회학의 단순 존재론적 개념(존재의 단순한 반영)과는 다르며, 아도르노의 '인식론적'인 개념입니다.[48] 아도르노에게 '산업사회'는 당시의 사회를 사진 찍듯 객관적으로 묘사한 개념이 아니라, 사회과학이 자연과학적 '이성' 개념을 전유함으로써 오히려 실제 존재를 왜곡한 내용입니다. 즉 그것은 당시 사회에 대한 불완전한 지식에 불과한 '주류 사회학적 지식'을 말합니다.

　　아도르노에 따르면 자연과학적 '이성'은 데카르트의 합리론에 기초한 '도구적 이성'입니다. 베버는 경제학적 모델에 따라서, 근대 사회에서 '사회과학적 이성'이 밝혀야 하는 것은 다름 아닌 '사회적 합리성', 즉 행위자의 행위 목적과 관련된 '도구적 합리성'이라고 주장했습니다. 이것은 근대 사회학을 '행위 체계'들에 대한 이론으로 종합한 파슨스의 주류 사회학적 관점이기도 합니다. 이렇게 경제적 이성 개념에 기초한 주류 사회학에서 볼 때, '산업사회'에서 사회적 관계의 핵심은 '개인의 이익 추구'입니다. 근대화한 산업사회란 바로 그런 행위들이 제도화된 형태, 즉 '이익사회'입니다. 따라서 사회적 갈등 역시 이익 분배를 둘러싼 갈등이고, '사회정의'나 '공정성'의 개념 역시 그런 갈등과 관련된 것입니다.

　　반면 '위험사회'는 산업사회를 그런 경제적 '이익'의 관점이 아니라, '생명 안전' 또는 '삶'의 관점에서 보는 지식입니다. 위험사회 관점은 산업사회에서 자생적으로 (혁명 없이) 싹트는데, 그 이유는 산업사회가 '부'를 생산하면서 '부작용' 역시 생산하기 때문입니다. 산업사회 관점에서 그것은 단순히 '부작용'이라는 작은 리스크에 불과합니다. 그러나 그것의 실제는 산업사회가 이룩한 삶 자체를 파괴할 위력의 '문명 위험'입니다. 현재 진행되는 기후 변화가 대표적입니다.

따라서 위험사회에서는 '분배 갈등'이 아니라 생명의 문제, 삶의 문제가 공론화됩니다. 문명 위험을 계속 생산하고 있었음에도 산업사회의 관점이 지속될 수 있는 이유는, 그것이 위험을 특정 '타자'들에게 떠넘길 수 있었기 때문입니다. 예를 들어 위험한 화학 공장과 쓰레기 등을 빈국으로 수출하고, 국내에서는 '보험'을 통해 각종 재난에 대비한다는 식입니다. 그러나 어느 시점에 이르면 그런 떠넘기기에도 한계가 닥칩니다. 위험 수출국에 부메랑이 되어 돌아오게 되어 있다는 것입니다. 실제로 코로나19 팬데믹 이후 기후 변화 속도가 급상승하며, 구미 대륙에도 재난이 집중적이고 지속적으로 발생하고 있습니다. 결국 위험사회는 산업사회의 불가피한 귀결일 것입니다.

아도르노가 산업사회의 파괴적 결과를 파시즘이라는 '타자 혐오' 군중정치(포퓰리즘)의 출현으로 보았다면, 벡이 볼 때 이처럼 '타자'는 '중심부' 국가들의 위험을 떠맡는 '주변부' 국가들의 운명과도 관련됩니다.[49] 그러나 벡은 근대화한 '타자'의 불평등과 관련해서도, 그리고 중심부-주변부의 불평등과 관련해서도, 아도르노의 비관주의를 낙관주의로 뒤집고자 했습니다. 앞서 본 '개인화 이론'을 통해 벡은 제1개인화에서 배제된 근대적 타자들(노동자계급과 여성)이 위험사회로의 탈바꿈 속에서 결국 개인화한다고 설명했는데, 피고용자 일반의 생애 위험이 개인화하는 신자유주의적 노동시장 위험에도 불구하고 그는 여전히 낙관적 관점을 유지했습니다.

벡이 낙관적 관점을 유지한 것은, 새로운 노동시장 위험 역시 위험사회로의 탈바꿈 과정에서 일어나는 현상이기 때문입니다. 앞서 보았듯이 위험사회로의 탈바꿈은 사회 인식의 변화를 말합니다. 이익 중심의 '물질주의' 사회에서 생명 안전과 삶 중심의 '탈물질주의' 사회로 변화하는 과정입니다. 그러나 벡이 지나치게 낙관적이었음을 부정할 수는 없습니다. 코로나19 팬데믹 이후 한층 빨라진 기후 변화 속도에도 불구하고, 현재 유럽에서는 안보 위협(러시아-우크라이나 전쟁, 이스라엘-하마스 전쟁)과 난민 유입으로 인해 타자 혐오의 극우 정치가 점점 더 득세하고 있기 때문입니다.

이렇게 벡의 기대와 달리 유럽에서 '탈물질주의 정치'로의 탈바꿈에 제동이 걸린 것이 확실하지만, 지금처럼 '이익'을 앞세우는 산업사회 관점을 계속 유지하면 지구상의 삶 자체가 점점 더 위험해지는 것도 사실입니다. 결국 산업사회가 이런 '생태적 임계점'에 도달했다는 사실이, 위험사회로의 탈바꿈을 견인할 유일한 동력입니다. 벡은 신자유주의적인 노동시장 위험의 개인화도 '신사회운동'처럼 정치를 탈물질주의화할 때 '동등한 개인들의 사회' 속에서 해결될 수 있다고 보았습니다. 그리고 2023년까지만 해도, 독일의 경우에는 그런 전망이 아주 빗나가지는 않았습니다. 그러나 러시아의 우크라이나 침공 이후 독일에서도 상황은 차츰 달라졌습니다. 결국 '파국이냐 탈바꿈이냐?'는 시민들의 선택에 달려 있는데, 서구 시민들이 다시 산업사회의 물질주의로 회귀하는 추세를 보이는 것입니다.

9강 _____

한국
청년세대의
공정성은
신자유주의적
인가?

1. 한국 청년층에서 나타나는 새로운 압축적 변화: 압축적 개인화

앞서 한국의 발전주의적 산업화에 대해 말하면서, 거기서 '비동시성의 동시성'이라는 특성이 나타난다고 했습니다. 한국의 사회학적 논의에서 그런 특성은 '압축적 산업화' 또는 '압축적 근대화'라고 불렸습니다. 그런데 그런 압축적 산업화가 성공한 이후에도, 한국 사회 고유의 '비동시적인 것의 동시성'은 계속 형태를 바꾸며 재배치되고 있다고도 말했습니다. 아마도 그처럼 하향식 근대화 과정에서 시작된 사회 변동의 고유한 특성들이, 한국에서는 가부장제를 가장 당연시하지 않는 청년층에서, 그리고 그것이 정치적 갈등의 핵심 의제가 될 만큼 격렬하게, '젠더갈등'이라는 미증유의 사회적 갈등으로 연결되었을 것입니다.

앞서 보았듯이 벡은 서구에서 새로운 개인화가 일으킨 남녀 간 갈등이 주로 미시적 차원에 그칠 것이고, 거시적 차원에서는 개인화가 오히려 생태위험 공론화 등 '탈물질주의 가치'로의 전환을 촉진할 것으로 예상했습니다. 그래서 그것이 사회이론의 개입을 통한 '성찰적 근대화'의 방식으로 세계시민주의 규범의 확대로까지 연결될 수 있으리라 기대했습니다. 그러나 실제로는 새로운 페미니즘의 등장 이후 미국과 유럽에서도 페미니즘이나 젠더 이슈가 계속 정치적 의제로 부상하곤 했습니다.[50]

다만 한국의 경우처럼 선거 결과를 직접적으로 결정짓는 가장 첨예한 정치 의제로까지 부상하지는 않았습니다. 더군다나 68세대가 성인이 된 후 그것은 더 이상 청년층의 중심적 의제가 아니었습니다. 예를 들어 독일의 경우 청(소)년층의 의제는 기후 변화에 집중되는 추세였습니다. 물론 현재는 청(소)년층에서 기후 변화 등의 문명위험 의제가 다시 후퇴하고, 오히려 난민 등 극우적 의제가 부상하는 방향으로 변화가 나타납니다.[51] 독일의 경우 청(소)년층 정치의식의 이런 변화, 즉 '물질주의로의 퇴보'는 러시아-우크라이나 전쟁 이후 안보 위기, 에너지 위기, 난민 문제 등의 이익 갈등이 다시 중요한 정치적 의제로 부상하면서 나타났습니다.

한편 서구와 비교할 때 한국에서는 산업화 성공과 미증유의 개인화 흐름 속에서도 청년층에서 탈물질주의 가치로의 전환이 뚜렷이 확인되지 않는데, 남성의 경우에 특히 더 그렇습니다.[52] 아마도 이것은 외환 위기 이후, 산업화와 함께 계속되던 계층 상승의 흐름이 멈추고 노동자계급의 중산층화가 한 세대만에 종결된 현실과 관련될 것입니다. 특히 노동자계급의 계급 공동체 의식이나 문화가 안정화하기 전에, 외환 위기를 계기로 노동시장이 이중화 또는 분절화되는 경향이 가속화되었습니다. 그리하여 노동자 사이에서도 '연대'보다 '포용과 배제'의 논리가 강해졌습니다. 이처럼 사회권이나 노동자의 지위 보호를 위한 제도들이 확립되지 않은 상태에서 신자유주의화에 휩쓸리면서, 노동시장 불안정화는 서구보다 훨씬 빠르고 열악한 형태로 진행되었습니다.

신자유주의 노동시장의 특징이 피고용자 내부의 경쟁 강화와 정규직/비정규직으로의 분절화인데, 한국은 사실 세계 그 어느 나라보다도 경쟁 압박이 오랜 역사를 지닌 사회입니다. 고려시대 과거제도 도입 이후 경쟁적인 신분 상승의 압박이 당연시되는 문화 속에서 성장한 한국 남성들은, 이후 신분제가 와해하는 과정에서도 서구의 '개인주의적 경쟁'과는 또 다른 집단적 경쟁의 문화를 이루어 왔습니다. 서구 자유주의와 달리 신분제 와해가 곧 신분제로부터 개인의 해방을 의미하지 않았기 때문에, 산업화 이후에도 계층 상승의 욕구는 서구의 개인주의적 욕구가 아니라 가문의 영광을 위한 '입신양명'의 도덕과 여전히 결합한 상태였습니다.

한국에서 산업화 성공과 함께 뒤늦게 시작된 (서구와 다른 양상의) 개인화와 함께,[53] 그리고 곧바로 이어진 신자유주의적 경쟁 격화와 함께, 전통적인 '집안에 대한 책임감'은 서구적 개인주의 가족 형태인 '핵가족에 대한 책임감'으로 전환되는 양상입니다. 산업화 이후 친족 중심 도덕과 연줄망이 개인들의 생존과 출세를 위한 순기능만을 발휘한 것이 아니라, 오히려 핵가족 간의 갈등을 유발하는 요인도 되었기 때문입니다. 그러나 '인(仁)'의 도덕으로 오랫동안 정당화된 자녀에 대한 교육 투자와 그에 보답해야 한다는 자녀의 '효' 부담은, 친족에서 핵가족으로 가족 연대의 범위가 축소되는 과정에서도 사라지지 않았습니다. 그리하여 과거 정치적 권위주의 시절 문제가 되었던 '연고'는 '부모 찬스'로 축소되고, '입신양명'은 고소득 직장으로의 진입으로 현대화했습니다.

신자유주의화를 통해 노동시장은 정규직을 대폭 축소하는 방향으로 합리화하는데, 대학 진학률이 급격히 확대되면서 노동시장의 경쟁은 오히려 증가했습니다. 그리하여 경쟁을 제한하려는 새로운 '사회적 결집'이 출현하는데, 그것은 '포섭과 배제'의 논리를 점차 정당화합니다. '포섭과 배제'는 독일 사회학자 막스 베버가 '사회적 폐쇄'라고 부른 불평등 '행위'의 양상입니다. 베버는 마르크스의 정치경제학 관점과 달리 사회학 관점에서 불평등을 설명하며, 마르크스의 '계급' 개념을 '사회계급' 개념으로 바꿨습니다. 이것은 계급이 경제적 차등 구조의 '객관적' 지위만이 아니라, 동시에 '문화적·주관적 결집'이기도 하다고 보는 것입니다. 따라서 노동자계급 내에서도 서로 다른 문화를 매개로 한 이질적 결집이 나타납니다.

'문화적·주관적' 결집은 서로 간에 '다름'을 주장하며 성립됩니다. 예를 들어 '대졸자'는 수도권/지방 대학 졸업자로, '수도권 대학'은 SKY/기타 대학으로, '전공별'로는 의대/기타 단과대 등으로 '차이'의 범주들이 생산됩니다. 그런데 이런 차이들은 대입 시험 '점수'로 위계화할 수도 있으므로, '능력주의' 명분을 통해 정당화되곤 합니다. 노동시장 경쟁 속에서 이런 분절화는 공급자와 수요자 측 모두에게 사용됩니다. 고용주는 사실상 직무능력과는 상관없는 그와 같은 '차이'들을 활용함으로써 능력주의의 왜곡에 기여하고, 피고용자는 폐쇄적 결집을 위해서 마찬가지로 왜곡에 동조합니다.

그런데 청년 여성들의 경우에는 청년 남성들 주도의 결집이나 청년 남녀 공동의 결집과는 다른 양상을 보이기도 합니다. 청년 여성의 역사적 위치가 청년 남성과는 다르기 때문입니다. 조선에서 '사회 제도의 유교화'가 본격화했다고 평가되는 17세기 후반 이후에,[54] 여성의 규범적 공간은 내외법에 따라 '집안'으로 축소되었습니다. 이것은 얼핏 보면 서구에서 봉건제 말부터 19세기까지 진행된 여성의 권리 박탈 과정, 즉 남편이 아내의 권리를 지배하고 대행하는 법적 규범의 형성과 비슷해 보입니다. 그러나 내외법은 공간적 구별로서, 근대적 개인주의나 공/사 분리와 무관합니다. 근대 기혼 여성이 남편의 권리에 귀속되어 있었다면, 종법제 유교 사회에서 한국의 기혼 여성은 공·사가 통합된 남성 혈연공동체에 귀속되기 때문입니다.

부계 공동체 관계와 집단이 도덕의 초석이었던 유교 사회에서, 공동체의 뒷배가 없는 고립된 (오늘날의 자유주의적) '개인'의 존재 형태는 반사회적이고 반도덕적인 '위반'으로 여겨졌습니다. 따라서 남성들은 자신의 성취를 집단에 귀속시켜야 했고, 기혼 여성은 이방인으로서 시가에 완전히 종속되어야 했습니다. 이런 집단주의적 규범은 자유주의와 (특히 정치적) 개인주의를 배척하는 '후발 산업화' 모델에 기능적이었습니다.

여성에 대한 전통적 규범이 산업화 과정에서 서구의 근대적 '전업주부' 규범과 뒤섞이게 되었지만, 그 속에서 전통적 집단주의 도덕은 흔들리지 않았습니다. '집단'의 형태나 성격이 변화했을 뿐입니다. 예를 들어 도시화 과정이나 이후 유교적 부계제가 약화하면서, 기혼 여성들은 시댁뿐만 아니라 (또는 시댁보다 오히려) 친정 집단과도 도덕적 관계를 강화하게 됩니다. 장기적으로 보면, 조선의 유교화와 함께 억눌렸던 여성 쪽 친족관계의 중요성이 다시 부상한 것입니다. 이런 모순적 과정에서 여성들은 가족법 개정, 호주제 폐지 등 유교적 종법제를 벗어나는 가족 규범의 근대화를 요구했고 또 실현했습니다.

그러나 2015년 이후 자생적 페미니즘이 출현하기 전의 '기성세대 페미니즘'은 가족법 등 몇몇 법적 수준의 변화 외에, 특히 노동시장의 '성취'에서는 별반 변화를 만들지 못했습니다. 17세기 이래 남성이 독점한 '집 밖' 조직의 문화, 즉 일자리나 정치 등의 조직문화는 여전히 남성의 집단주의적 서열문화를 탈피하지 못하고 있습니다. 이에 대해서는 청년 남성들도 여성들 못지않게 불만을 드러내며 '개인주의자'라는 비난을 감수하지만, 그것이 남녀에게 작용하는 방식은 상당히 다릅니다. 특히 일제 강점기 이후 군사주의가 상당 기간 지속하며 군대 문화가 일반 조직문화로 연결되고, 군필자를 '능력자'로 우대하는 관례가 유지된 바 있습니다. 이런 '남성성' 문화는 기성세대의 권위주의에 대한 남성의 저항 가능성을 누르는 동시에, 여성의 저항을 키우는 작용을 하고 있습니다.

남녀 간의 이러한 '한국적인' 역사적 지위 차이로 인해서, 한국에서는 특히 현재 청년층의 개인화 양상 역시 서구와 다르게 나타납니다. 또 '젠더갈등' 역시 한국 특유의 정치적 성

한국 사회의 '압축적 개인화'

- '압축적': '비동시적인 것의 동시성'
- 서구 제1, 제2의 단계적 개인화와 차이점

  - 산업화가 진행된 사회적 맥락:
    '후발 산업화 모델'(독일, 일본) + '유교화'의 역사
  - 유교사회의 잔재: 남성이 '부권적 지배'에 저항하기 어려움
  - 여성이 유교적 가부장제 반대의 '주체'로 등장

- 청년 여성: '압축적 개인화'의 주체화
  ('압축적': 전근대적 부권 지배에 저항 + 페미니즘)

- 압축적 개인화: 탈물질주의 가치는 상대적으로 미약함

격을 갖습니다. 서구에서는 개인화가 근대 초기와 2차 대전 이후의 두 단계에 걸쳐 단계적으로 진행되었을 뿐만 아니라, 그주체 역시 시민계급 남성에서 노동자, 여성으로 단계적으로 이동했습니다. 그러나 정치 민주화 이후 한국에서는 '아버지 지배체제에 대한 저항'(수직적 반가부장제)과 '남성 지배로부터 해방'이라는 수평적 반가부장제 요구(페미니즘)가 거의 동시적으로 분출했으며, 현재 그 주체는 '청년 여성 대중'입니다. 따라서 청년여성이 서구와는 다른 '압축적 개인화'의 주체로 등장하고 있다고 할 것입니다.

서구에서는 시민계급 남성이 '아버지로부터 해방'을 성

취하며 개인주의 규범화를 열었습니다. 그와 함께 서구 페미니즘은 '자유주의'와의 대립 속에서 발전했습니다. 그러나 한국의 청년 여성 자생 페미니즘이 마주한 규범은 그와 같은 서구 자유주의가 아닙니다. 한국에서 제도적 정치 민주화를 이룬 '민주화 세대' 남성의 대다수는 자유주의의 윤리적 토대인 개인주의를 여전히 '반사회적'이라고 보기 때문입니다. 또 그들을 집단주의 도덕의 '꼰대'라고 비판하며 반발하는 청년 남성들도 '아버지에게 저항하기'보다 오히려 그들에게 인정받으려고 '젠더갈등'을 의제화했기 때문입니다.

2. 한국 청년세대의 특징은 신자유주의적 공정성?

한국 청년세대의 뚜렷한 특성으로 지적되는 개인화가 이처럼 서구의 개인화와 다르고 게다가 남녀 간의 차이가 유독 두드러진다면, '청년 일반'이나 '청년세대'라는 표현을 사용할 때 매우 조심해야 합니다. 이런 상황에서 '한국 청년세대'를 하나의 범주로 동일화하여, 그 공정성 개념이 신자유주의적이라고 단정한다면, 그것은 사태를 너무 단순화하는 것입니다. 또 앞서 살펴본 내용을 환기하여 만일 현재의 한국 사회도 산업사회 측면에서만 일방적으로 규정할 일이 아니라면, 그래서 위험사회로의 탈바꿈 가능성을 고려한다면, 좀 더 많은 생각이 필요할 것입니다. 산업사회 측면과 위험사회 측면을 서로 견주어서 판단해야 할 것이기 때문입니다.

한국에서 '능력주의는 곧 신자유주의'라고 단순화되는 경우가 많은데, 그에 대해서는 이미 앞서 설명했습니다. 예를 들어 신자유주의와 같은 경제적 자유주와 '공민으로서 자유'를 강조하는 정치적 자유주의가 나뉘는 지점은, 능력주의 원칙의 수용 여부가 아니라 그것의 '공정성'을 설명하는 방식입니다. 신고전주의 경제학에서 공정성은 '출발선의 불평등'이라는 사회구조적 차원을 고려하지 않고 그것을 단지 사적 마음가짐(도덕)의 문제로만 다룹니다. 예를 들어 똑같이 노력해도 '흙수저'라서 '금수저'만큼 성과를 내지 못한다 해도, 그 역시 개인적 능력 차이에 불과하므로 정책적 문제가 아닌 '도덕적 배려'의 대상이 됩니다.

앞서 본 남녀 간의 평균적 경향 차이를 고려할 때, 여기서도 남녀 간의 차이를 기대할 수 있을 것입니다. 예를 들어 지역 균등 입학제도 등의 '적극적 개선 조치'들에 대해서 대체로 청년 남성들이 더 크게 반발합니다. 그것이 능력주의에 위반되기 때문입니다. 그렇다면 그들은 신자유주의적일까요? 그런데 소위 '수저론'의 공정성 담론 역시 청년 여성보다는 오히려 남성들의 의제입니다. 또 2016년 촛불시위 때 '부모 배경도 실력이다'라는 말에 대한 분노는 세대나 성별을 가리지 않았습니다. 물론 여기서 분노는 부모 배경이 '능력의 차이를 만들어서'가 아니라 입시가 '능력과 무관하게 결정'된 데 대한 것이었습니다. 즉 입시의 원칙으로서 능력주의가 무시되었기 때문이었습니다. 이를 보면, '대입 원칙으로서 능력주의'에 대해서는 세대와 성별을 뛰어넘는 광범위한 합의가 존재함을 알 수 있습니다.

그렇다면 능력주의에 대한 세대 간, 성별 간의 이견은 결국 '수저 격차의 구조적 불평등'에 대응하는 '방법'에 관한 것이라고 볼 수 있겠습니다. 소수자에 대한 적극적 조치는 불평등의 '구조' 자체를 바꾸는 방식이 아니라, 불평등의 '결과'에 대한 조정입니다. 이 점에서 롤스의 '차등의 원칙'과 같은 맥락입니다. 롤스의 정의론이 '계층' 간 불평등 분배의 결과를 조정하려 한다면, 적극적 조치는 주류 시민과 사회적 소수자 간의 분배 결과를 조정하려 한다는 것입니다. 말하자면 적극적 조치 정책은 롤스의 '불평등 구조' 개념을 '계층 구조'뿐만 아니라 '주류/소수자 구조'로까지 확대하는 방향입니다.

따라서 '적극적 분배 개선 조치'의 필요성을 수용하는 '정치적 자유주의' 남성들(민주화 세대)과 한때는 그들을 '개저씨'라고 욕했던 청년 여성들은 '진보' 편에서 정치적으로 합류할 수 있습니다. 반면 '수저론'의 구조적 불평등에는 분노하면서도 그에 대한 해결책을 '개인들 간의 능력주의 경쟁'이라는 신자유주의적 방법에서 찾는 청년 남성들은, 상황에 따라 '진보'와 '보수'를 오가는 유동성을 보입니다. 지난 몇 차례의 선거에서 이들은 이성적 정치 주체로서 '소신'보다는, 군중적 '정동'에 이끌려 정치적 선택을 하는 경향을 보였습니다. 2021년 서울시장 보궐선거와 다음 해 대통령 선거에서는 정략적으로 동원된 '젠더갈등' 프레임의 자장 속에 강하게 끌려갔다면, '젠더갈등' 이슈가 약화한 2024년 총선에서는 진보/보수로 대략 표심이 양분되는 결과를 보였습니다.[55]

이처럼 정치적 성향 전반에서도 남녀 간에 뚜렷한 차이가 반복적으로 확인되므로, '청년세대'나 '청년 일반'을 기준으로 삼아 '청년층의 공정성 문화'를 일반화하는 것은 무의미합니다. 동시에 20대 남성들의 '유동화한 정치 성향'을 고려할 때, 예를 들어 그들만을 '별종'으로 삼아 공격하는 '이대남' 담론 역시 별 의미가 없습니다. 20대 여성들이 자생적 페미니즘의 '소신'을 일관되게 견지하는 경향이라면, 20대 남성들은 더불어민주당 지지 온라인 커뮤니티였던 '오늘의 유머'에서 '보수당 지지'로, 그중 일부가 다시 더불어민주당 지지로 돌아오는 식의 '유동성'을 보이기 때문입니다.

청년층 문화 내부의 '차이'가 커지고 일정한 '유동화'의 현상 역시 나타나므로, '공정성' 의제를 이해하는 데서도 접근법을 바꿀 필요가 있습니다. 예를 들어 '공정성'을 신자유주의

- 롤스: 공정한 분배의 '절차 만들기'로서 사회계약론 관점
- 공정한 절차 만들기의 요소들

  1) 누가 사회계약에 참여하는가?
  2) 어떻게 공정한 합의에 도달하는가?

- 롤스의 사회계약 참여자: 남성 가장
⇒ '참여의 공정성' 문제 발생: 남성 가장 이외의 목소리들은 왜 배제되는가?

  → 공론장 참여의 정의론(하버마스), '인정'의 문제
  → '차이'의 정의론: '다른 목소리'를 말하고 들을 권리·의무

적이거나 정치적 자유주의적인 '분배 절차'의 문제로만 볼 것이 아니라, '목소리의 공정성', 즉 시민적 정치 참여에서의 공정성 문제로도 볼 필요가 있습니다. 이것은 '인정의 정치'나 '차이의 정치'라는, 또 다른 정의론적 접근의 주제입니다.[56] 롤스는 자신의 사회계약 모델에 따라 공정성을 '분배 절차'의 확립 문제로 보았고, 일단 그렇게 절차를 만들면 그것을 단순히 지킴으로써 공정성이 유지된다고 보았습니다.

그러나 하버마스 등 '공론장 참여'를 중시하는 비판이론 관련 정의론에서는, 공정한 절차만이 공정성의 조건이 아니라고 보았습니다. 예를 들어 합의된 절차가 공정하다고 믿고 그것

을 지키기만 한다면 그 역시 '규칙 순응성'이라고 할 것입니다. 칸트나 콜버그가 말했듯이, 여기서 '순응'은 물론 집단 추종이 아니라 '보편 이성'을 따르는 순응입니다. 그러나 '보편이성'의 내용은 어떻게 정해지나요? 그것은 곧 '누가 그것을 정의하는가?'의 문제, 즉 역사적·사회적으로 구조화되는 담론 권력의 문제입니다.

예를 들어 신자유주의적 공정성 개념과 정치적 자유주의의 공정성 개념 모두 '근대적 합리성'으로 표현되는 '보편 이성' 개념에서 출발한 것입니다. 신자유주의적 보편 이성의 내용이 공리주의적 효율성이라면, 정치적 자유주의의 보편 이성은 칸트의 '정언 명령' 또는 롤스의 '차등의 원칙'입니다. 반면 공론장 참여의 정의론을 주장하는 하버마스에게, 보편 이성은 모든 사회구성원의 동등한 참여가 보장된 가운데 도출된 합의입니다.

한편 '차이의 정치' 관점에서 보면, 위의 모든 '보편적 이성'은 결코 보편적이지 않습니다. 우선 위의 두 자유주의적 보편 이성은 서구 근대의 소유자계급 남성이나 남성 가장의 편파적 목소리를 보편적이라고 주장한 데 불과하기 때문입니다. 또하버마스의 보편 이성 역시 보편적이지 않습니다. 왜냐하면 소수자의 공론장 참여가 보장된다고 해도, 그들의 목소리는 제대로 이해되지 못하므로 '합의'란 불가능하기 때문입니다. 따라서 이 경우 정의론의 핵심은 모든 이질적 목소리의 공론장 참여, 즉 '공론장의 다양성 보장'이 됩니다. 이처럼 '공정성'이나 '사회정의'의 개념은 재화 분배의 규칙만이 아니라, 특정 집단의 사회적 인정이라는 담론 권력의 문제로까지 확대되었습니다.

10강

위험사회로의
탈바꿈과
한국
청년세대의
공정성 의식

1. 위험사회로의 탈바꿈이라는 문제

앞서 보았듯이 벡은 서구에서 2차 대전 이후 신사회운동의 흐름 속에 청년문화가 '분배 갈등' 중심의 물질주의 정치문화에서 생태·여성·다양성 등을 강조하는 탈물질주의로 변화했다고 보았습니다. 이것은 미국 정치학자 잉글하트의 유명한 '탈물질주의 연구'를 위험사회 맥락에서 수용한 것입니다.[57] 앞서 본 벡의 '탈바꿈' 개념 역시 잉글하트의 '조용한 혁명'이라는 표현과 일맥상통합니다. 그것이 어떤 조직적·이념적 지도 체계 없이 아래로부터 자생적으로 발생한 변화라는 점에서 그렇습니다.

사실 서구의 신사회운동은 그 양상에서는 결코 '조용하게' 진행되지 않았습니다. 실제로 독일에서 환경운동은 기성세대에게 큰 충격을 주는 매우 격렬한 방식으로 진행되었습니다. 현재의 기후 변화 반대 청년운동인 '마지막 세대' 역시 미술관에 전시된 작품들에 스프레이를 뿌리는 등 충격적 방식을 사용하지만, 과거에도 철로에 드러눕는 등 매우 위험한 방법들을 사용했습니다. 그러나 그런 과격한 시위의 목적은 예를 들어 '사회주의 혁명'과 같은 체제 전복이 아니라, 개개인이 앞장서서 '삶의 방식'을 바꾸자는 '성찰적'인 것이었습니다.

한편 정치적 민주화와 함께 1990년대 한국에서 시민운동이 다양화하면서, 한국의 사회운동 역시 신사회운동으로 전환하는 중인가에 대한 연구들이 진행되었습니다. 그러나 여성·평화·환경 등으로 정치적 의제들이 다양해졌을 뿐, 신사회운동이라고 규정하기는 어렵다는 결론이 일반적이었습니다. 그런데 이후 특히 '웹사이트' 중심의 디지털 시대로 접어들면서, 사회운동의 형식이 점점 더 신사회운동 쪽으로 변화했습니다. 특히 2008년 광우병 촛불집회와 2016-2017년의 '촛불혁명'에서는 구사회운동과 분명히 구별되는 '개인화한 풀뿌리 참여'가 주도적이었습니다. 물론 이 과정에서도 여전히 불변한 것이 있는데, 그것은 시민들이 추구하는 '정치적 가치'의 성격입니다. 소비자 정치, 페미니즘, 삶의 다양성 인정 등 '탈물질주의적'으로 보이는 '삶의 정치' 의제들이 증가하는 와중에도, 그런 목소리의 핵심에는 여전히 물질적 생존의 문제가 놓여 있습니다.

예를 들어 2024년 총선을 앞두고 실시된 기후 위기 관련 투표 성향 조사의 결과를 참고해 봅시다. 거기서 기후 위기 공약에 따른 투표를 고민하겠다는 의사가 가장 높았던 인구 범주는 60대 남성(38.3%)이었습니다. 그리고 18-29세 남성(29.9%)이 가장 낮은 의사를 보였습니다.[58] 이 조사 결과가 말하는 것은, 현재 한국에서 기후 변화의 정치적 의미가 탈물질주의로의 가치관 변화보다는 농어민층의 '생계위협'과 관련되어 있다는 것입니다. 기후 변화 역시 물질적 불평등의 문제로 인지된다는 것입니다. 이렇게 한국에서는 기후 변화에 대한 정치적 태도에서도 (서구와 비교할 때) '비동시적인 것의 동시성'이 관찰됩니다.

디지털화와 함께 한국에서 사회운동의 의제와 동원 방식은 서구의 신사회운동과 유사해졌지만, 그 정치적 핵심은 여전히 '물질적 생존 위험'입니다. 그런데 더 이상 고도성장이 불가능해진 상황 속에서, 이런 생존 자원의 분배 문제는 점점 확대되고 있는 '포함과 배제'의 갈등 전략과도 유관합니다. 물론 이것은 한국만의 고유한 현상이 아닙니다. 앞서 보았듯이 서구의 청소년층에서조차 코로나19 팬데믹 이후 오히려 탈물질주의 정치문화가 후퇴하고, 극우 정치에 대한 지지로 경도되고 있기 때문입니다.

그런데 문제는, 급격해진 기후 변화로 더욱 불가피해진 '위험사회로의 탈바꿈' 당위 속에서 역설적으로 생존 갈등이 격화되고 있으나, 그것이 더 이상 과거의 '계급갈등' 형태로 정치화하지는 않는다는 것입니다. 위험사회로의 탈바꿈 '당위'와 산업사회의 (신자유주의적) 재배치가 경합하는 현재 세계에서는, (아마도 그로 인해서) 분배 갈등이 오히려 '포섭과 배제'라는 분절화한 형태로 진행됩니다. 그리하여 '누가 같은 편이고 누구를 다른 편으로 배제할 것인가'를 둘러싼 주장들이 격하게 분출합니다. 구미에서는 그것이 '외국인 배제'와 '약자 배제'로 나타나며 정치가 극우화하고, 한국에서는 '외국인 배제'보다 '젠더갈등'이 더 뜨겁습니다. 그런데 이런 종류의 새로운 분배 갈등은 구사회운동/신사회운동의 이분법을 벗어난 것입니다.

'포함과 배제'의 사회적 역학을 가장 먼저 지적한 사회학자는 베버입니다. 자유주의적 사회 정의나 계급 연대의 개념처럼 '보편적 이익'을 명분으로 내세우는 정치와 달리, '포함과 배제'는 '동지/적'의 경계 긋기부터 시작되는 칼 슈미트식 정치로 연결될 수 있습니다. 이것은 '보편주의' 명분이 실제로는 편파성을 위장하는 장치에 불과하다는 불신에서 비롯됩니다. 그런 불신이 긍정적 변화 가능성을 제시하는 '비판'이 아니라 전망 부재의 아노미와 결합할 때, '힘'에 근거하여 '편파성' 자체가 도덕적 정당성을 획득합니다. 그리하여 자유주의도 사회주의도 모두 실패했던 '전망 부재'의 독일에서, 나치즘이라는 최악의 '포섭과 배제' 정치가 출현했던 것입니다.

　　과거 고전적 자유주의는 봉건적 정치 경제 질서로부터 해방을 추구했습니다. 그렇게 봉건제가 무너지고 이제 고전적 자유주의의 맹점들까지 해결하면서, 자유주의는 정치적 자유주의로 성장했습니다. 그런데 정치적 자유주의를 떠받친 산업사회의 풍요 생산이 한계에 이르면서, 산업사회의 미래는 두 가지 선택 사항이 됩니다. 하나는 '성장'보다 '위험'을 중심에 두는 탈바꿈이고, 다른 하나는 신자유주의화를 통한 '산업사회 연명하기'입니다. 위험사회로의 탈바꿈이 배제된 타자들의 동등한 공론장 참여를 전망한다면, 신자유주의는 고전적 자유주의의 공적 '도덕'이 아니라 오히려 '포함과 배제'의 야만 정치를 불러들입니다.

　　구미에서 이런 '포섭과 배제'의 자기장으로 이끌린 대표적 집단은 산업사회에서 '가장'의 지위를 보장받았던 '중장년층 남성'입니다. 이들의 경우 포섭과 배제의 범주는 대규모 '일자리 수출' 이후 노동시장 경쟁 관계를 결정지은 내국인/외국인입니다. 그리하여 미국의 트럼프주의나 유럽의 극우당 지지는 계층 하락 위협에 직면한 중장년 육체노동자 등 대체로 중하층 남성을 중심으로 확대했다고 알려져 있습니다. 반면 한국에서는 '인천국제공항 사태'나 의사 파업처럼 최고학력자 정규직이나 전문직이 앞장서서 포함과 배제의 전략을 사용하며, 시민층에 '자유주의 도덕'이 부재함을 드러냅니다. 과거 반자유주의적 발전주의에 대한 비판으로 '천민자본주의 문화'가 거론되곤 했는데, 그와 같은 경로의 산업화를 거치면서 규범 변화가 아노미적으로 진행된 결과인 것으로 보입니다.

앞서 한국 청년세대(특히 남성)가 선호하는 공정성 개념이 신자유주의적인지를 판단하기 위해서는 산업사회 측면만이 아니라 위험사회 측면도 함께 고려해야 한다고 말했습니다. 좀 더 정확히 말하면, 현재 신자유주의적 성향을 보이는 청년 남성들의 공정성 개념이 얼마나 지속될지를 판단하려면 위험사회로의 탈바꿈이 함께 고려되어야 한다는 것입니다. 현재 한국에서는 청년세대에서도 탈물질주의로의 문화 변동이 잘 관찰되지 않으나, 최근 코로나19 팬데믹과 함께 폭염, 폭우, 폭풍, 계절과 날씨의 급변으로 기후 변화에 대한 직접 경험과 우려가 커지고 있습니다. 따라서 현재 청년층의 공정성 요구가 신자유주의적 경쟁이라는 '산업사회' 측면에 일방적으로 압도되고 있으나, 청년 남성들의 정치 성향이 상당히 유동적임을 볼 때, 향후 위험사회로의 탈바꿈이 한층 가시화할 가능성이 배제될 수 없다고 보기 때문입니다.

롤스가 사회계약 참여자들을 '아버지들'로 설정한 이유는 가부장적 자유주의의 성격만을 드러내는 것은 아닙니다. 그

산업사회 대 위험사회

- **산업사회 인식론 및 제도**

  - 물질주의 가치관: 이익 추구의 합리성, 자유주의
  - 갈등 양상: 계급갈등, 포함과 배제(사회적 폐쇄)
  - 사회문제: 소유와 분배의 불평등(구사회운동)

- **위험사회 인식론 및 제도**

  - 탈물질주의 가치관: 삶과 생명의 안전
  - 갈등 양상: 참여 중심의 공론화 정치(신사회운동)
  - 핵심 의제: 위험의 편재성(지구 행성 수준의 위험)

것은 자원 분배 규칙인 사회계약에 '세대 간 계약' 역시 포함됨을 의미합니다. 산업사회 관점에서 세대 간 계약은 연금 정책과 동일시됩니다. 그러나 위험사회 관점에서 가장 중요한 세대 간 계약은 지구 생태계의 지속 가능성입니다. 롤스는 물론 자연을 생태계가 아니라 경제적 자원으로만 봅니다. 그러나 자연이 자원이건 생태 조건이건, 그것의 지속 가능성은 세대 간의 중요한 공정성 문제가 될 수밖에 없습니다.

따라서 서구에서 위험사회로의 탈바꿈을 주도했고 또 주도하는 세력은, 기성세대의 물질주의가 자신들에게 '삶의 위협'이라는 부메랑으로 돌아올 것을 예상하는 청(소)년들입니다. 어릴수록 생태위험 생산의 책임은 적으나, 그 결과인 가공할 위험의 당사자가 될 가능성은 크기 때문입니다. 따라서 '책임과 위험의 불균형'이라는 형태의 세대 간 불공정성은 향후 기후 변화의 영향력이 커질수록 점점 더 중요하게 부상할 것입니다.

앞서 보았듯이 벡은 위험사회 의제가 지구 차원의 문제이므로, 위험사회에서 성찰적(또는 반사적)으로 진행된 개인화는 세계시민주의 규범 창출로 연결되리라고, 또 연결되어야 한다고 예상하거나 경고했습니다. 도식적으로 말하면, 정치적으로 제1개인화는 국민국가 내부의 공민 규범으로 안착했으나, 위험사회의 특성상 제2개인화는 세계시민 규범(시민 연대의 초국적 확대)으로 귀결되어야 한다고 보았습니다. 일국적 연대에 근거한 국가 간 성장 경쟁이 지구 위 삶 자체를 위협하는 결과를 생산했기 때문입니다. 비록 '세계국가'는 불가능해도 칸트가 말한 세계시민적 연대는 필수적이라고 본 것입니다.

그런데 이 부분에서도 한국 사회는 상당히 다릅니다. 서구에서는 17세기 이래의 긴 시간 속에서 제1개인화가 제2개인화로 단계적으로 수정되었고, 그래서 벡은 그것을 '아노미'가 아니라 '성찰적 개인화'라고 설명한 것입니다. 그러나 한국에서 현재 압축적으로 진행되는 개인화는 서구의 종교개혁 당시만큼 근본적인 규범적 단절을 의미합니다. 서구 종교개혁이 봉건적 전근대로부터의 규범적 단절이었듯이, 현재 한국에서 진행되는 개인화는 산업화 속에서도 살아남은 (또는 산업화 과정에 기능적으로 결합했던) 전통적 도덕과의 완전한 단절을 의미하기 때문입니다.

동시에 시기적인 어려움도 존재합니다. 코로나19 팬데믹 이후 최근에는 서구에서도 세계시민주의와 정반대로, 오히려 극우화가 가속화하고 있습니다. 이것은 서구 산업사회의 정치적 규범이었던 자유주의의 붕괴를 예고하는 듯합니다. 정치를 도덕에 귀속시킨 고전적 자유주의로의 회귀가 오히려 자유주의 '도덕'의 붕괴를 부르는 역설이 진행되는 중입니다. 그리하여 '성찰'이 아니라 '아노미'가 관찰됩니다.

이제 서구에서도 위험사회로의 탈바꿈이 더 이상 '조용한 혁명'으로 진행될 수만은 없음이 명백해졌다고 할 것입니다. 산업사회의 '반동화'라고 할까요? 이것은 위험사회로의 탈바꿈이 백의 예상인 산업사회의 '성찰적' 부정을 뛰어넘는 한층 더 근본적인 단절을 요구하기 때문일 것입니다. 예를 들어 러시아-우크라이나 전쟁과 이스라엘의 가자지구 폭격은 반전주의의 선두였던 독일 녹색당마저 전쟁지지 입장으로 바꾸었습니다. 현재 독일 청(소)년층의 녹색당 이탈은 이런 변화와도 관련이 있습니다.

지금까지 기후 변화에 가장 능동적으로 대응해 왔던 유럽에서도 이제 기후 변화보다 산업사회의 '안보'가 더 중요한 의제로 여겨지고 있습니다. 한국에서는 신자유주의가 수반하는

'성별 규범 변화'를 가장 큰 정치적 위협으로 정의한 세력들에 의해, 보수인지 신자유주의인지 극우인지 명확히 분간되지 않는 미증유의 정치적 퇴행이 버젓이 진행됩니다. 이제 지구 삶의 파괴가 한층 피부로 경험되는 현실 속에서, 과연 '위험사회로의 탈바꿈이 지속될 것인가?'라는 회의 역시 커지는 상황입니다.

2. '성찰'을 뛰어넘는 새로운 관점 제기와 위험사회의 공정성

　　신자유주의 세계화를 통해 극도로 조밀해진 지구적 연결로 인해, 그 전까지 알지 못했던 전파 속도와 규모를 보인 신종 전염병 재난이 2019년 겨울 이후 세계에 전대미문의 충격을 가했습니다. 벡이 두 번째로 한국을 방문했던 2014년까지도 그의 '세계시민주의' 주장에 대한 한국 학계의 평가는 대략 '재난의 불평등 현실을 무시하는 지나친 이상주의'라는 것이었습니다. 그런데 코로나19 팬데믹 이후에는 한국에서도 세계시민적 연대가 불가피하다는 목소리들이 나오기 시작했습니다.

　　반면 서구의 정치적 목소리들은 오히려 반대쪽으로 결집했습니다. 독일을 제외한 서구 국가들에서는 그 전부터 정치 극우화가 상당히 진행되었는데, 이제 그 속도가 감염병의 속도만큼 한층 빨라졌습니다. 특히 코로나19 팬데믹 말미에 발생한 러시아-우크라이나 영토 전쟁의 영향으로, 그때까지는 유럽에서 예외적으로 녹색당 지지율이 치솟던 독일마저 극우당의 급격한 지지율 증가를 기록하고 있습니다. 산업사회 정치와 위험사회 정치 간의 대결이라는 관점에서 볼 때, 팬데믹 이후 한국에서는 기후 변화 위기의식이 급증하는 반면 서구에서는 오히려 산업사회 관점의 이익 투쟁으로 회귀하는 경향이 뚜렷합니다.

그렇다면 현재 서구와 미국을 휩쓰는 극우화는 단순히 대중 선동의 결과일까요? 아니면 국민 개개인이 진심으로 사회적 폐쇄를 원하는 걸까요? 사실 과거 히틀러의 집권도 대의 정치 절차에 맞는 국민투표 결과로 시작되었습니다. 과거나 지금이나 다수결 투표라는 민주적 원칙이 민주 정치를 파괴할 가능성이 존재한다는 것입니다. 이는 근대 민주주의의 역설이나 자기부정 또는 동전의 이면입니다. 그런데 과거 나치즘 등과는 구별되는 특징도 있습니다. 극우적 결집이 다름 아닌 민주주의의 본산지, 즉 근대 자유주의와 공화주의의 심장부에서 진행된다는 것입니다.

과거 나치즘과 파시즘은 '후발 산업국'의 특징인 '자유주의의 부재'가 낳은 결과라고 인식되었습니다. 그런데 현재의 극우화는 서구 자유주의가 스스로 탈바꿈하는 형태로 진행되고 있습니다. 벡이 기대한 방향으로 자유주의가 성찰적으로 확대되는 것이 아니라, 반대로 '귀속적 범주에 의한 위계화(즉 유사 신분제)'로 퇴행하는 것입니다. 산업사회와 민주주의의 결합이라는 서구 근대화의 원리가 자기 분열을 시작했다고 봐야 할 것입니다.

말하자면 이제 '서구의 규범과 제도'가 민주주의를 보장하는 절차라고 신뢰하기 어려운 현실이 되었다는 것입니다. 이런 시대적 경험 역시 전염성을 지닐 수 있습니다. 근대화 이후 서구가 모든 가치 판단의 기준으로 작동해 왔기 때문입니다. 한국의 정치 지형이나 규범 변동의 현실 역시 그로부터 자유롭기 어려울 것입니다.

서구 근대 문명의 이런 총체적 위기 속에서, 서구에서는 '근대로부터의 단절'을 요구하는 목소리들이 더욱 힘을 얻게 됩니다. 근대적 '이분법 문화'로부터 단절하려는 탈근대주의를 시작으로, '개인주의 존재론'과 단절하려는 돌봄 존재론, 근대적 '합리주의(데카르트)'와 단절하려는 신유물론, 근대적 '인본주의'로부터 단절하려는 탈인간중심주의, 근대 산업사회의 '성장주의'와 단절하려는 탈성장 담론 등, 근대 자유주의를 뛰어넘으려는 새로운 주장들이 연이어 제기되고 있습니다.

이런 새로운 주장들을 고려하면, 이제 기후 변화 등 생태 위험과 관련된 '공정성' 역시 산업사회 관점이 아니라 위험사회 관점에서 한층 더 새롭게 사고할 수 있습니다. 자연을 경제적 '천연자원'으로 보고 그것의 세대 간 공정 분배 절차를 확립

[비교] '자연 혜택'의 경제적 분배에서 공정성(롤스)

  - 유한한 자연 '자원'에 대한 세대 간 분배의 문제
  → 사회계약 참여자를 '아버지'로 설정함으로써 해결 시도

· 위험사회에서 '위험 분배'의 공정성 문제: 산업 기반 위험생산의 '책임'과 위험 '피해' 간의 불공정성

  1) 일국적 차원: 세대 간 불공정
  2) 세계적 차원: 위험 생산국 대 위험 피해국 간 불공정
  3) 행성적 차원: 자율적 위험생산 주체 대 상호의존성 속 위험 피해자인 타자 간 불공정

하려 한 롤스는 전형적인 산업사회의 공정성 관점이라고 할 수 있습니다. 반면 벡은 위험 생산의 '책임'과 '피해 당사자' 간의 불평등을 지적했습니다. 그리고 그것의 유의미한 관계로서, ① 일국적 차원의 세대 간 불평등, ② 세계 시민적 차원의 중심국-주변국 불평등, ③ 행성적 차원의 파국이라는 결과를 제시했습니다.

그런데 앞서 본 바, 벡의 '성찰적' 방법론을 뛰어넘는 새로운 관점들까지 고려할 경우, 벡이 행성적 차원의 파국으로만 지적한 부분에서도 책임-피해의 불평등 분배가 제기됩니다. 여기서 두 가지 의제가 등장하는데, 하나는 인간-비인간 관계, 다

른 하나는 상호의존성의 문제입니다. 먼저 산업사회 생활 방식을 실천함으로써 위험을 생산하는 인간과 그로 인해 피해 당사자가 되는 비인간 간의 불평등이 문제가 됩니다. 그리고 위험의 책임-피해 불평등 문제가 발생하는 존재론적 이유로서, 개인이 다른 인간이나 비인간으로부터 완전히 자율적인 존재일 수 없다는 인식이 등장합니다. 말하자면, 벡의 성찰적 방법론을 뛰어넘는다는 것은 곧 근대적 '개인'의 존재론적 지위에 대해 문제를 제기하는 것입니다.

예를 들어 돌봄 존재론에서는 인간-인간 또는 인간-비인간의 관계가 '상호의존적' 돌봄 관계라는 관점에서, 탈근대주의에서 신유물론 등에 이르는 '탈이분법' 관점에서는 인간-자연 간 이분법이 아닌 '연결성'을 강조하며, 자유주의를 근본적으로 의심합니다. 따라서 이런 비판과 새로운 불평등의 맥락들을 고려한다면, 지금까지 여러 자유주의 논리 속에서만 논의되었던 '공정성'의 개념 역시 재고되어야 합니다. 롤스나 벡이 상정하는 '자율적 개인 간의 이성적 관계'라는 근대 인본주의 원칙이 아니라, 인간-인간, 인간-비인간의 상호의존성이라는 존재론적 조건으로부터 공정성의 원칙이 도출되어야 할 것입니다.

11강 _____

청년층과
기성세대의
규범 대립

1. 한국 586세대의 '자연화'한 유교 규범과 한국 사회의 비선형적 '탈유교화'

　　현재 한국에서 '세대 갈등'의 핵심은 '청년 대 586세대' 간의 갈등으로 여겨집니다.[59] 과거 구미에서도 유사한 세대 갈등 논쟁이 있었는데, 거기서 전선은 '청년 대 68세대' 간에 그어졌습니다. 여기서 청년세대는 68세대의 자녀뻘로, 현재 한국 청년세대가 586세대의 자녀뻘인 것과 비슷합니다. 또 서구의 '68세대'가 '68운동' 당시 대학생이었다면, 한국의 '586세대'는 1980년대에 대학생이었습니다. 따라서 68세대가 586세대보다 20세가량 나이가 더 많다고 하겠습니다. 둘 다 각각 '학생운동'

세대이고 각 사회의 경제적 성장기에 사회운동을 이끈 세대이기 때문에, 이 둘은 종종 비교의 대상이 됩니다.

그러나 페미니즘의 관점에서는 이들의 차이점도 눈에 띕니다. 구미에서는 68세대가 '페미니즘 제2의 물결'을 주도했지만, 현재 한국에서는 청년세대가 그에 해당하기 때문입니다. 물론 이런 시차가 페미니즘에만 국한된 것은 아닙니다. 68세대인 독일 사회학자 벡이 자신의 세대가 주도한 신사회운동의 특성을 '제2개인화'에서 찾았다면, 586세대는 현재 한국 청년세대의 개인화 추세를 신자유주의적 원자화와 동일시하는 '가치 보수주의' 관점을 드러내기 때문입니다.

과거 유교적 가치를 내세우며 '보수주의'를 표방했던 '산업화 세대'는 신자유주의 이후 전통적 '가치 보수'보다 신자유주의 추종으로 재빨리 방향을 전환하고 있는 것으로 보입니다. 신자유주의 추종의 '새로운 보수'를 대표하는 이명박 정부 등장 이후, 보수당이 박정희식 근대화를 추종하는 소위 '정통 보수'와 결별하는 모습을 보이기 때문입니다. 한편 산업화 세대가 이룩한 전통 쇄신의 '연줄망 사회'에서 근대적 '공공성 사회'로 전환을 주도한 586세대는, 신자유주의화 격랑 속에서 전통적인 공동체 의식의 붕괴를 막으려는 '가치 보수주의'로 선회한 듯 보입니다.

1990년대 탈냉전과 '현실 사회주의' 붕괴 이후, 자유주의에 대한 새로운 비판 세력으로 '공동체주의'가 등장했습니다. 공동체주의는 한 사회 내에서도 세분된 영역에 따라 유효한 규범이 서로 다르고 각각의 사회마다 고유한 '미덕'의 문화가 존재하므로, 추상적인 자유주의 가치가 아니라 고유의 공동체 미덕이 각 사회에서 정치 통합의 기반이 되어야 한다고 주장합니다. 여기서 '미덕'은 '공화주의'처럼 근대적일 수도 있고, 고유의 가족 가치처럼 '전통적'일 수도 있습니다.

미국의 공동체주의자 마이클 샌델은 한국에서 상당 기간 최다 판매 부수를 기록한 인기 작가이기도 했고 코로나19 팬데믹 때 몇 번 공식 인터뷰에 출연하기도 했습니다. 한국 사람들이 이처럼 그를 반기는 것을 볼 때, 한국문화와 공동체주의 간의 친화성을 짐작할 수 있습니다. 또 한때 여러 지자체 등에서 사회적 협동조합이나 사회적 기업 등 지역 공동체 형성을 위한 정책들이 유행처럼 시행되기도 했습니다. 민간에서 '시장 교환'이 아닌 '공동체 연대'의 방식으로 문제를 해결하도록 지자체가 지원하는 정책을 편 것입니다.

그런데 이처럼 '공동체 관계'를 활성화하여 지역사회 문제를 해결하는 과정에서 성역할 고정관념 역시 되살아났습니다. '미덕'의 이름으로 가정주부들이 무임금 자원봉사자로 동원된 것입니다. 이를 계기로 기성세대 페미니즘에서 공동체주의 정책에 대한 찬반 논쟁이 일기도 했습니다. 그렇지만 청년세대의 자생적 페미니즘이 등장하기 전까지, 한국 페미니즘에서도 '공동체'는 '마땅한 미덕'이자 '지켜야 할 유산'이었습니다. 말하자면 기성세대의 모든 남녀가 공유하는 일정한 '공동체적 가치'가 존재했는데, 그것은 다름이 아닌 '몸으로 자연화한' 유교 공동체 규범입니다.

그리하여 4B 현상처럼 전통적 가족관계를 의식적으로 거부하는 청년 페미니즘이 등장했을 때, 기성세대 페미니즘이 받은 충격 역시 결코 작다고 할 수 없습니다. 운동권 성폭력, 미투운동, 낙태권, 디지털 성폭력 등 각종 이슈에서 민주화 세대 페미니즘이 아래 세대 페미니즘을 지원하거나 그들과 함께 연대하는 활동을 계속했지만, 특히 자생적 페미니즘 세대와의 문화적 단절은 실로 무시할 수 없는 것이었습니다. 586세대 페미니즘이나 586세대 여성 중심의 온라인 커뮤니티에서도 청년 여성의 '개인주의'나 '분리주의' 성향, '미러링'은 '무례함', '이기주의', '몰상식' 등의 비난 대상이었습니다.

그러나 이런 문화적 단절은 예의나 인격의 문제가 아니라, 사회 변동의 문제입니다. 무엇보다도 서구 근대화의 제도적 결과인 '산업사회' 모델을 추구하면서 억압하고 유예했던 자유주의화, 개인주의화의 규범 변동이 뒤늦게 튀어 오른 현상이라고 보아야 합니다. 한국의 산업사회화가 자유주의·개인주의를 억누르고 '유교 권위주의의 재배치'를 통해 성공함으로써, 그

한국 사회 탈유교화의 비선형적 과정

- '탈유교화' 규범 변동의 비선형성으로 인한 세대 갈등

  - 586세대: 정치(공)/가족(사) 구분 제도화, 체화된 유교문화
  - 청년세대: 또래 규범과 제도 규범의 충돌 속에서 행위 선택
  - 탈유교화 규범 변동은 '도덕적 타락'의 문제가 아니다

- 교착적인 탈유교화 과정의 부작용

  - OECD 최고의 노인빈곤율
  - OECD 최저의 청소년 행복감
  - 세계 최저 초저출산의 장기화

결과 오히려 '탈유교화'가 진행될 수밖에 없는 역설이 나타난 것입니다.

　사실 '탈유교화'의 변화는 기성세대 페미니즘이 성공시킨 가족법 개정과 호주제 폐지로 규범적 정당성을 확보하게 됩니다.[60] 한국에서는 산업화, 도시화와 함께 도시 가족 규모가 축소되고 핵가족의 가구 단위가 정착하기 시작했습니다. 그러나 그런 '형태상의 핵가족'이 내용적으로도 '부계 가문 공동체'로부터 독립해 나오기까지는 아직 시간이 더 필요했습니다. 가족법 개정 당시는 산업화 성공으로 인해 '부계 친족 공동체에 배태된 핵가족'에서 근대 산업사회의 '사적 친밀성 제도인 핵가

족'으로 질적 변화가 진행되던 시기였습니다.

　물론 이런 변화는 단선적이라기보다는 경합의 과정입니다. 예를 들어 지금도 결혼은 '개인의 일'보다 '집안일'로 여겨지는 경우가 더 많습니다. 또 그런 '공동체적 의무감'으로 인해 결혼 진입이 점점 더 어려워지는 것이 사실입니다. '친밀성 제도로서 결혼'이라는 근대적 규범이 젊은 층에서는 더 일반화했으나, '가족 의무로서 결혼'이라는 기성세대의 규범이 현실에서 더 큰 강제력을 행사하기 때문입니다.

　그러나 '공공성 정치'를 지향한 586세대는 적어도 근대적 공/사 구분이 불명확한 유교 세계관으로부터 그것을 구분하는 데에는 성공했습니다. 물론 여기에도 명확한 한계가 존재하는데, 그것은 '정치'는 사적 가족과 규범적으로 분리되었으나 기업 등의 조직원리는 그렇지 못하다는 것입니다. '가족 같은 직장문화'라는 온정주의적 조직문화가 여전히 정당성을 주장합니다. 그뿐만 아니라 586세대는 집단주의적 조직문화를 체화하고 재생산했습니다. 개인의 사생활에 개입하는 것이 크게 이상하지 않은 조직문화를 수행적으로 유지해 온 것입니다.

　바로 이런 중층적이고 교착적인 규범 변동의 현실, 특히 부모 세대와 자식 세대 간의 그런 기대 격차가 현재 청년과 586세대 간 세대 갈등의 핵심입니다. 이런 기대 격차로 인해서, 특히 유교 규범에서 중추 구실을 하는 청년 남성들은 아버지 (또는 기성세대 남성) 앞에서 공공연히 저항하지 못합니다. 그들은 익명의 온라인 발화 속에 자신의 목소리를 숨기고, 온정주의에 기대어 기성세대 또는 기성정치가 먼저 말을 걸기를 기다렸습니다. 이렇게 그들 스스로 정치적 동원의 객체가 된 것입니다.

다시 말하지만 586세대는 '개천의 용'이 되어 '가문의 영광'을 이룩한 마지막 세대입니다. 유교적 관점에서 '개인의 성취'란 어불성설입니다. 개인의 능력은 가문의 성취를 위한 것이므로 개인은 자신을 낮추어야 합니다. 이것이 유교에서 말하는 공동체적이고 관계적인 도덕입니다. 반면 자유주의 시민 교육을 받고 성장한 청년들에게 조직과 개인의 관계는 주류 사회학의 설명처럼 '결사체(association)'여야 합니다. 개인의 선택과 판단이 중심에 있어야 합니다. 그러나 유교의 '관계적 도덕'을 체화한 586세대의 눈에 그런 태도는 '이기주의'와 구별되지 않습니다. 말하자면 청년들이 특별히 더 이기적이어서가 아니라, 586세대가 체화한 문화가 유교적이기 때문에 그런 '오해'를 하는 것입니다.

이제는 부모를 봉양하고 후사를 돌보는 일도 점점 더 가문 공동체를 위한 일이 아니라 '사회'가 해결할 과제가 되고 있습니다. 본인의 노후를 뒷전에 미루고 자녀 교육에 매진하는 식으로 예전처럼 인(仁)의 미덕을 발휘한다고 해서, 자녀가 그들의 노후를 보장하는 효(孝)로 보답하리라고 기대하지는 않습니다.

물론 그런데도 자녀에 대한 투자가 약화는커녕 오히려 과열하는데, 그 이유가 달라졌기 때문입니다. 앞서 전통적 가치 보수가 신자유주의적 신보수로 바뀌었다고 했는데, 자식에 대한 인(仁)의 미덕 역시 그 목적이 전통적 부계 계승에서 가족의 계층 유지로 바뀌었습니다.

이런 교착적 규범 변동의 부작용은 여러 가지로 현실화하고 있습니다. 부모에 대한 봉양이 '노인 돌봄'의 복지 의제로 변화하는 속도는 빠르나, 그런 욕구를 충족시킬 제도화의 속도는 터무니없이 느립니다. 그 결과는 OECD 최고의 노인빈곤율입니다. 또 계층 하락을 예상하는 신자유주의화 시대에, 자녀에 대한 부모들의 투자는 무제한 경쟁 속으로 빨려 들어갑니다. 그 속에서 부모는 빈곤 노인의 미래를 예상하고, 자녀의 행복감은 OECD 바닥 수준으로 추락합니다. 유아기부터 대학 입시를 준비한 청년들은 성년이 되면 취업, 결혼 등등 보이지 않는 미래를 다시 준비합니다. 한층 좁아진 노동시장에서 소위 '취준기'가 장기화하고, 각고의 노력 끝에 취업에 성공하면 '사회적 폐쇄'로 자신의 위치를 지키려 합니다. 아무것도 제대로 조율되지 않는 세계에서 행복하기가 너무 어려워서, 결국에는 세계 최저의 초저출산이 나타나기만 할 뿐 아니라 장기화합니다.

2. 남성의 세대 간 젠더의식 차이: 기성세대 남성 대 청년 남성

한국에서 젠더갈등이 사회적 문제로 떠오르면서 언론이나 학계에서는 마치 청년 남성들이 가장 반여성적인 세대인 것처럼 보도했습니다. 그러나 실제 연구 결과들을 보면, 가부장제 의식에서는 기성세대 남성들보다 청년 남성들이 오히려 더 앞서 있습니다.[61] 이것은 전반적으로 기존 가부장제가 약화하는 시대 변화를 반영한 결과일 것입니다. 따라서 청년 남성들에게 '반여성적'이라는 딱지가 붙는 이유는 그들의 특별히 가부장적인 의식이나 태도 때문이 아니라, 또래 페미니즘에 대한 그들의 (방어에서 공격에 이르는) 태도 때문입니다. 이것은 기성세대 남성과 청년 남성 사이에 젠더의식이 크게 변화했음을 말해 줍니다. 그러나 이것은 단지 남성들 내부의 차이가 아니라, 변화하는 '양성 관계의 경험'과 관련된 '세대' 간 차이입니다.

기성세대 남성들은 매우 가부장적이지만 페미니즘에 대해서는 크게 반대하지 않습니다. 이것은 상당히 합리적인 현상인데, 왜냐하면 남녀 간의 불균형이 너무 크기 때문에 페미니즘이 별 위협이 되지 않기 때문입니다. 반면 청년 남성들은 기성세대보다 양성 평등한 태도를 보이면서도 페미니즘에 대해 강한 반감을 표현합니다. 기성세대 남성의 젠더의식이 기성세대 특유의 젠더관계 경험의 결과이듯이, 청년세대 남성의 이질적인 젠더의식 역시 청년세대 남성의 고유한 경험과 관련됩니다.

기성세대 남녀 간에는 젠더의식에서 정치의식에 이르기까지 거의 차이가 나타나지 않을 만큼 남성의 규범적 영향력이 컸습니다. 남성이 가부장적인 만큼 여성 역시 일반적으로 가부장적입니다. 기성세대 여성이 페미니즘에 우호적이라고 해도, 그것을 스스로 주장하거나 가부장제에 저항하는 세력은 소수입니다. 따라서 기성세대 페미니즘은 대중운동이 아니라 소수의 각성한 여성들이 선도적으로 이끄는 형태였습니다. 기성세대 페미니즘은 서구의 근대적 지식을 배운 여성들의 앞선 주장으

남성의 세대 간 젠더의식 차이

• 기성세대 남성: 가부장적이나 페미니즘에 비교적 관대함

- 산업사회 '표준 노동' 모델에 기초해 '가장' 지위 보장
- 동세대 여성의 가부장적 문화: 페미니즘은 상대적 소수
⇒ 페미니즘에 대한 온정주의: 막강한 가부장적 권력의 결과

• 청년세대 남성: 덜 가부장적이나 반페미니즘적

- 가부장제 약화 방향의 객관적 현실
- '생애위험의 개인화'로 거대한 산업구조에 대한 저항 포기
- 거대 구조에 대한 무력감: 탈주체화, 비조직화, 군중적 결집
⇒ '합리적' 수준의 갈등 선택: '이길 수 있는 상대'

로서, 일반 여성들이 경험하는 불평등에 논리적 설명을 제공하는 전문 지식이었습니다.

　따라서 민주화 이후 페미니즘 정책이 확대되어도 기성세대 남성들은 '일상'에서는 가부장제를 유지할 수 있었습니다. 페미니즘의 요구가 제도 변화 중심이었기 때문입니다. 어차피 2차 산업 중심의 노동시장에서 여성 고용에 대한 수요 자체가 제한되어 있었으므로, 일반적으로 여성의 경제적 자립도 불가능했습니다. 따라서 가족은 당연히 경제공동체였는데, 이념적으로는 서구처럼 '낭만적 사랑' 공동체였으나 실질적으로는 유교적 부계공동체에 복속된 위치였습니다. 이런 전통적 규정 속에서, 페미니스트 여성들도 자신의 개인적 성취를 주장하기보다 '평균'과 '전체'의 관점에서 사고하는 경향이 강했습니다.

　한편 젠더의식의 변화를 주도한 집단은 청년 여성인데, 여기서 변화는 여성 주체 측면의 변화들과 사회구조 변화 사이의 상호작용에 의한 것입니다. 우선 주체 측면에서 보면, 가족 내 자녀 규모가 축소하며 '딸'에 대한 관점이 변화했습니다. 1990년대에는 '태아 성감별'이 사회 문제가 될 정도로 여전히 '남아선호' 사상이 강했으나 '실질적 핵가족'이 확대됨에 따라 '딸 선호'로의 전도가 자연스럽게 진행되었습니다. 그러면서 여아 교육에 대한 기대와 투자가 늘고 여성의 교육 수준이 높아졌습니다. 민주화의 영향으로 학교 교육도 민주화하면서, 어린 여학생들은 또래 남학생과 평등하다는 의식을 갖게 되었습니다.

사회구조 측면에서는 무엇보다 산업구조의 '탈산업화'가 중요합니다. 서구에서는 1970년대부터 탈산업화가 진행되며 기혼 여성의 노동시장 진출이 증가했는데, 이때부터 산업사회에 최적화한 성역할 규범이 위협받기 시작합니다. 한국에서는 정치 민주화와 같은 시기에 탈산업화가 진행되다가 외환 위기를 계기로 더욱 빨라졌습니다. 세계적으로 '일·가족 양립'이나 '일·생활 양립'을 내세운 신자유주의화 속에서, 기혼여성 노동력을 포함하는 여성 노동에 대한 시장의 수요 확대는 기정사실이 되었습니다.

서구의 산업화 초기 도시 수공업 조합으로 결속된 남성들이 기계파괴운동을 선택할 때, 값싼 여성·아동의 노동에 기초해 산업화에 박차가 가해졌습니다. 마찬가지로, 신자유주의화 역시 산업사회의 '낭만적 가족' 속에 귀속된 여성에게 임금노동자가 될 기회를 제공함과 동시에, 남성의 일자리 안정성을 부숨으로써 남성의 '가장' 지위 역시 위협했습니다. 앞서 '압축적 개인화' 개념으로 설명했듯이, 한국에서는 이런 사회구조 변화 속에서 '부계 친족연대로부터 핵가족의 분리' 그리고 '핵가족으로부터 여성 개인의 분리'가 대략 동시에 진행되었습니다.

탈산업화나 신자유주의화 과정에서 다시 여성 (그리고 주변부 국가들의 아동) 노동력이 주목받은 이유 중 하나는, 과거 산업화 초기처럼 그것이 값싸기 때문입니다. 따라서 여성의 일자리 지위가 남성의 과거 '표준 노동' 지위에 미치지 못하는 한계에도 불구하고, 맞벌이가 빠르게 정상 규범화했습니다. 남성의 안정된 '표준 노동' 규범 역시 붕괴했기 때문입니다. 따라서 이런 변화 속에서 성인기에 진입한 청년 남성들의 가부장적 의식은 도전받을 수밖에 없습니다.

그리하여 청년 남성들은 대체로 자신의 아버지와 똑같이 가부장적 권력을 행사하는 것이 가능하다고 보지 않습니다. 현실 변화에 대한 이런 '객관적' 인식은 벡의 '낙관주의', 즉 성역할 규범에 대한 '제2의 근대화'가 가능할 것이라는 기대를 일으키게 촉진합니다. 그러나 과거 계급 연대로 집단적 대응이 가능했던 '사회경제적 위험'(계급위험)은 이제 개인별로 다종다양한 '생애위험'으로 개별화합니다. 벡은 이런 계급위험의 개인화가 '새로운 정치의 발명'을 통해 민주주의를 급진화할 것으로 예상했으나, 실제는 정반대로 나타나고 있습니다. 앞서 보았듯이 포용과 배제의 '사회적 폐쇄'가 더 지배적인 대응 양식이 된 것입니다.

가부장제 약화를 촉진하는 객관적 현실 변화와 개인화한 생애위험에 대한 주관적 공포가 부딪칠 때, 청년 남성들은 어떤 행위를 선택할까요? 현재 청년 남성들이 반페미니즘으로 이끌리는 '정동'은 바로 이런 주·객관적 상황이 만들어 내는 자기장과도 같습니다. 계급연대를 기대하지 못하는 '개인화'의 현실은 가부장제 약화를 주동하는 산업구조라는 거대한 세력 앞에서 너무나 초라합니다. 그리하여 청년 남성의 분노는 산업구조의 벽에 부딪혀서 오히려 튕겨 나갑니다. 그것이 튕겨 나간 방향이 바로 젠더갈등 쪽입니다. 분노의 상대로서 좀 더 겨뤄 볼 만한 대상, 말하자면 아직 자신보다 사회적 힘이 약한 쪽을 선택하는 것입니다.

개인 생애위험의 발생 근거가 산업구조라는 거대 권력이므로 그에 대한 대응이 '사회적'이어야 함은 분명합니다. 그러나 노동시장의 구조 변동으로 인해서, 산업사회 시절의 계급연대로 회귀하는 일은 가능하지 않습니다. 따라서 '계급' 개념을 계속 사용하고 '계급 연대'의 유효성을 다시 확보하려면, '노동시장 피고용자'라는 동일 위치를 공유하면서도 다양한 생애이력과 위험들을 포괄할 수 있는 새롭고 유동적인 '계급' 범주와 의식이 제공되어야 할 것입니다. 산업사회에 적합했던 개념으로서 '계급'은 실질적으로는 여타 노동시장 피고용자들을 부정하고 배제하는 '남성 가장 노동자' 집단을 의미했기 때문입니다.

12강 _____

청년층의
젠더갈등에
대한
기성세대의
대응

1. 비대칭적 '불평등' 프레임에서 대칭적 '젠더갈등' 프레임으로

그렇다면 실제로 기성세대들은 청년층의 젠더갈등에 어떻게 대응했을까요? 과연 그 심층에서 작동하는 구조적 문제를 직시하도록 차근차근 도왔을까요? 안타깝지만 현실은 그렇지 않았습니다. 사회구조의 문제를 지적하고 환기해 준 경우가 있었지만 그 경우 '산업사회' 프레임에서 벗어나지 못했습니다.[62] 또 언론과 정치인의 경우에는 오히려 청년 여성의 젠더의식 변화를 '이기주의'라고 힐난했다가 청년 남성을 '찌질이', '모질이' 취급했다가 하며 오락가락했습니다. 그러나 가장 큰 영향력을 행사한 것은 오히려 청년 남성의 불안을 부추겨서 젠더갈등을 더욱 부채질하는 쪽이었습니다.

　'기성세대'는 586세대로 한정되지 않습니다. 586세대가 '연령상' 사회의 중추 위치에 있다고는 하나, 그 어원에 충실할 때 그들은 2016~2017년 촛불혁명의 정치적 수혜자로서 한정된 시기 동안 정권을 누렸던 사람들과 그들의 인적 연결망을 말합니다. 따라서 586세대 일부가 권력 구조 상층에 도달했겠지만 '1960년대생으로 (1980년대 대학에 다닌) 지금 50~60대 연령층' 대부분이 계층 상승을 성취했거나 현재 한국 사회를 좌지우지하는 권력의 핵심층이라고 말할 수는 없습니다. 왜냐하면 성공한 586의 경우에는 오히려 그 윗세대인 '산업화 세대'와 불화하지 않은 경우가 대부분이기 때문입니다.

　586세대를 대표하는 정당인 더불어민주당의 지지자가 주로 고학력·고소득층이라고 합니다. 그러나 의원 개인의 평균 재산은 소위 보수당인 '국민의힘'이 더불어민주당의 두 배를 넘겼습니다.[63] 또한 신자유주의화 속에서 보수당이 '부자 감세', '작은 정부', '민영화' 등 신자유주의 정책을 옹호하므로, 인구 비중에서는 극히 적어도 중위 소득과의 격차가 매우 큰 고액 자산가들이 보수당 지지자들이라고 할 것입니다. 말하자면 더불어민주당이 '중산층' 정당이라면, 보수당은 신자유주의적 '최상층'과 박정희를 추종하던 '중하층 이하'로 양극화한 지지자들을 결집한 정당이라고 할 것입니다.

프랑스 경제학자 토마 피케티는 17세기 이후 자본수익률이 경제성장률을 앞질렀고 21세기 이후 그 편차가 더욱 커진다는 '세습자본주의'를 주장하여 명성을 떨친 바 있습니다. 결국 근대적 불평등 증가의 원인은 자본소득 불평등이라는 주장인데, 이를 한국 사회에 적용하면 자본소득보다 고임금 소득 혜택이 더 큰 586세대가 한국 사회의 '최상' 권력이라고 보기는 어렵습니다. 피케티의 개념을 사용하면, 한국 사회 권력의 핵심은 오히려 산업화의 성과를 세습 자산 형태로 축적해 온 사람들, 즉 성공한 산업화 세대의 인적 연결망이라고 할 것입니다.

산업사회의 전통적 불평등 이론인 계급론·계층론은 이처럼 세대 간 대물림을 통해 더욱 격차가 벌어지는 '사회경제적' 지위 불평등을 강조합니다. 오늘날 젠더갈등, 난민 배제, 외국인 배제 등 산업사회의 '사회경제적 불평등' 개념만으로는 설명되지 않는 갈등들 역시 그 뿌리에서는 계급·계층적 격차와 세습이 작용할 것입니다. 그러나 그런 이유에서 그런 갈등들이 '사회경제적 불평등'으로 환원될 수 있는 것은 아닙니다. 따라서 현재 한국에서 명백히 부정될 수 없는 '세대갈등'과 '젠더갈등'을 계급·계층 격차와 세습의 문제로 환원할 수는 없습니다.

현재 한국 사회 권력층 형성의 출발점이라고 할 '발전주의 산업화' 정책은 전통적 유교 규범을 동원해 정당화되었습니다. 앞서 586세대 역시 그런 문화를 체화했다고 말했습니다. 그러나 산업화 세대와 586세대가 각각 당연시하는 유교 규범의 성격은 사뭇 다릅니다. 앞서 보았듯이 586세대가 옹호하는 유교 규범은 현대 공동체주의와 꽤 친화적입니다. 반면 발전주의 산업화 세대가 산업화 동원을 위해 전유한 유교 규범은 그보다 훨씬 '전근대적'입니다. 그것은 586세대가 주장한 민주화의 과녁으로서, 정치·경제적 관계와 가족관계를 분리하지 않는 공/사 미분화의 '충=효' 규범입니다.

재벌들의 형제간 상속 다툼에서 볼 수 있듯이, 이익 극대화가 목적인 산업사회에서 충효와 같은 절대적 '순응'의 윤리를 강조하는 일은 부질없습니다. 이익공동체가 나뉘면서 충효의 순응 윤리 역시 그 대상이 갈리기 때문입니다. 따라서 이익 중심 사회에서 전근대적 순응 윤리를 강조하면, 그 결과는 오히려 공동체를 해체하는 쪽으로 나타납니다.[64] 현재 우리가 경험하는 '개인화' 역시 그런 결과입니다.

발전주의에 동원된 유교적 순응 규범의 목적이 이처럼 '이익 추구'였으므로, 그것은 우리가 오늘날 확인하듯 '신자유주의적 공동체 해체'와 오히려 쉽게 결합할 수 있습니다. 반면 그것은 '사회권'을 포함하는 방향으로 시민권을 확대해 간 유럽 사회민주주의나 영국의 복지국가 공리주의, 미국의 정치적 자유주의(롤스) 방향과는 양립하기 어렵습니다. 그것은 '근대 초기'로 되돌아가자는 신자유주의화의 논리가 무색하게 신자유주

- 2019년 1월 언론 기사: 젠더갈등=2030여성의 불평등 경험
- 2019년 4월 이후 〈시사IN〉의 '20대 남성' 연속 기사 이후 '젠더갈등' 프레임의 의미 변화

  - '젠더갈등'은 20대 여성의 '메갈리아 페미니즘'을
  - 남성에 대한 (역)차별로 인지하는
  - 20대 남성들의 의제
  - 20대 여성의 페미니즘 대 20대 남성의 반페미니즘 구도
  - 여성이 남성을 (역)차별해서 유발된 '대칭적' 갈등 구조
  ⇒ '젠더 불평등'의 비대칭적 현실 구조가 담론에서 사라짐

의 시대에 더욱 기승을 부리는 한국의 '갑질' 문화 등 전근대적 노동관계와 오히려 더 친화적입니다.

이처럼 기성세대의 유교 관념이 세대 간에 차별화된 상태에서, 청년세대의 온라인 갈등에 머물던 젠더갈등은 기성 언론매체를 통해 2018년 이후 온라인 공간을 벗어났습니다. 당시 기성세대가 보인 첫 반응은 청년 여성들의 변화한 젠더의식이 '비도덕적'이라는 비난이었습니다. 이에 따르면 젠더갈등의 원인은 청년 여성의 '이기주의'였습니다. 당시 기성세대는 앞서 본 세대 간 유교 규범의 차이나 진보/보수, 남/여를 가리지 않고, 청년 여성의 이 새로운 젠더의식에 거부감을 보였습니다.

오직 기성세대 페미니스트들만이 그들이 받은 문화적 충격에도 불구하고 청년 페미니즘을 환영했습니다.

이미 온라인 세계에 퍼진 여성 혐오 문화와 여성가족부 혐오를 우려해 왔던 기성세대 페미니즘은 청년 여성의 자생적 페미니즘에 지지를 보냈습니다. 그러나 온라인 '여성 혐오'의 일방적·비대칭적 '불평등' 프레임이 '젠더갈등'이라는 대칭적 프레임으로 바뀌는 데 촉매가 된 '미러링' 전략에 대해서는 그들 역시 당황했습니다. 이것은 앞서 본 '딴지일보'의 B급 문화적 성적 발언에 기성세대 페미니즘이 반응했던 방식과 유사했습니다. 기성세대 페미니즘은 근대적 '계몽'의 방법을 옹호했기 때문입니다.

온라인에서 시작된 젠더담론이 '여성 혐오'의 불평등 담론에서 '젠더갈등'의 대칭적 대립 프레임으로 바뀌면서, '젠더갈등'은 청년 여성의 '불평등' 경험이 아닌 청년 남성의 '(역)차별' 경험으로 전환되었습니다. 예를 들어 2019년 1월 2일 한국일보 분석 기사를 보면 '본인이 경험한 사회적 갈등'으로 젠더갈등을 꼽은 경우는 '20대 남녀'와 '30대 여성(20%)'에서만 나타났습니다. 여기서 20대 중 남성 비율은 18.8%, 여성 비율은 38.3%로, 당시까지 '젠더갈등'은 대체로 20~30대 여성의 경험이자 이슈였음을 말해 줍니다.[65] 그러나 2년 뒤 서울시장 재보궐선거 이후, 언론에서는 젠더갈등을 '이대남(20대 남성)'의 이슈로 규정하여 다루기 시작했습니다.

앞서 2019년 〈시사IN〉에서 '20대 남성 현상'이라는 개념을 만들어 사용하기 시작했는데, 이때 주목한 것이 '20대 남성의 반페미니즘'이라는 미증유의 현상입니다. 그런 성향의 남성이 20대 남성의 약 1/4에 이른다는 내용이었습니다.[66] 이후로 '젠더갈등'이라는 어휘는 다음과 같은 함의를 갖게 됩니다. ① 젠더갈등의 핵심은 '이대남'의 반페미니즘이다. ② '이대남'의 반페미니즘 기저에는 '남성에 대한 (역)차별' 의식이 있다. ③ 청년 여성 페미니즘이 남성을 (역)차별한다고 보기 때문이다. ④ 결국 젠더갈등이란 '이대녀' 페미니즘 대 '이대남' 반페미니즘 사이의 대칭적 갈등을 말한다.

이런 식으로 젠더갈등 프레임이 형성되면서, 실재하는 구조적 현상에 대한 '젠더 불평등' 의제는 담론 밖으로 사라지게 됩니다.

2. '젠더갈등'의 정치적 이념화와 '산업사회' 관점의 문제

젠더갈등이 이렇게 청년 여성의 '불평등' 의제에서 청년 남성의 '(역)차별' 의제로 전환되는 사이에, 젠더갈등을 다루는 기성세대의 관점은 새롭게 양분되었습니다. 청년 여성의 '이기주의'를 한목소리로 비난했던 분위기가 청년 남성의 '찌질함(남자답지 못함)'에 대한 비난과 청년 남성의 '억울함'에 대한 지지로 갈린 것입니다. 처음에는 진보/보수를 막론하고 이 두 태도가 번갈아 나타나는 양상이었습니다. 그런데 이 과정에서 이후 이 정표로 작용하게 되는 사건이 발생했습니다. 그것은 탄핵당한 박근혜 정부의 적폐 세력에 대한 '미투'로 시작된 한국의 미투운동이 2018년 안희정 미투를 계기로 더불어민주당 세력에 대한 미투로 확산된 것입니다.

2018년은 젠더갈등뿐 아니라 한국 사회에서 이념갈등이 다시 부상한 해이기도 합니다. 한 빅데이터 업체의 분석에 따르면, 2015~2018년에는 젠더 관련 갈등이 온라인의 가장 중요한 갈등이었습니다.[67] 그러나 그후 온라인에서 젠더갈등이 2위로 밀리고 이념갈등('진영갈등')이 1위로 부상합니다.[68] 2018년의 한 오프라인 여론 조사에서도, 전 연령층에서 이념갈등이 한국 사회에서 가장 심각하다고 응답했습니다.[69] 2018년 3월 안희정에 대한 미투 폭로가 나온 이후, 그전에는 미투운동에 호의적이던 소위 '진보' 남성들이 '무고'를 주장하며 반페미니즘으로 결집하기 시작했습니다.[70] 성불평등 현실에 대한 인식이 진보/보수의 이념갈등과 얽히면서 점차 남/녀 간의 '성별 진영 논리'로 굳어지기 시작한 것입니다.

이렇게 불붙은 페미니즘/반페미니즘 논쟁으로 청년 남

성의 표와 청년 여성의 표가 크게 갈라지기 시작했습니다. 더불어민주당은 청년 남성과 청년 여성 주장 사이에서 갈팡질팡했으나 결국 청년 페미니즘과 단절하지 않았습니다. 그런 와중에 2020년 7월 당시 서울시장 박원순이 성추행으로 고소당하며 더불어민주당이 다시 한번 청년 여성 페미니즘의 표적이 되었습니다. 이후 청년 남성들 사이에서 더불어민주당에 대한 냉소와 환멸의 정서가 강해지고, 그 틈을 타서 보수정당과 기성 언론이 청년 남성의 반페미니즘을 부추기는 선거 전략을 채택했습니다. 이를 계기로 청년 남성의 표가 급격히 보수당으로 쏠리면서, 과거 '탈이념화' 성향을 보인다고 평가되던 청년세대가

젠더갈등과 진영갈등의 빅뱅

- 2015~2018년 온라인에서 가장 비중이 큰 갈등: '젠더' 관련
- 2018년 이후 '진영갈등'이 젠더갈등을 훨씬 앞지름
- 2018년 안희정 미투 이후 '젠더갈등×진영갈등' 상호침투
  → 소위 '진보' 청년 남성들: '미투'의 '무고죄' 주장
- 2021년 서울시장 보궐선거 이후 '젠더갈등×진영갈등' 빅뱅
  → 청년 남성(보수×반페미니즘) 대 청년 여성(진보×페미니즘)으로, 청년세대의 정치적 양분화
⇒ 문제 제기: 산업사회에 익숙한 단순한 '이익갈등'인가?

이념적으로 분열하는 현상이 발생했습니다.

이처럼 한동안 '실용주의' 정치세력으로 평가되던 청년세대가 기성세대의 이념갈등 속에 포섭되면서, 젠더갈등은 '반페미니즘×보수'의 청년 남성 진영과 '페미니즘×진보'의 청년여성 진영이라는 전대미문의 이념 대립 현실을 만들게 됩니다. 이처럼 새로운 방식으로 격화한 이념갈등은, 정치적 자유주의 대 경제적 자유주의와 같은 자유주의 내부의 정치적 견해 차이에 머물지 않고 극우화 방향으로 비약했습니다. 한국 사회가 다시 '분단체제'로 되돌아가는 형국으로, 정치 민주화 이전의 극단적 권위주의 정치 행태가 다시 출현하고 있습니다.

앞서 보았듯이, 고전적 산업사회의 제도들이 해체되는 사회변동 속에서 산업사회에 최적화되었던 성역할 규범의 변화는 불가피합니다. 현재 한국 청년세대의 젠더갈등은 그러한 규범 변화의 현실이 사회심리적으로 표출된 현상입니다. 그런데 기성세대는 그러한 역사적 변화로 인해 발생한 사회적 갈등을 청년 여성 개인의 도덕적 문제(이기주의)나 청년 개인 남성의 심리적 문제(찌질함 또는 억울함)로 환원하는 경향이 강했습니다. 또 젠더갈등과 같은 청년세대의 새로운 현상을 발생시키는 사회적 맥락을 설명하려 할 때도, 산업사회에 최적화한 단순한 불평등 이론(계급·계층론)으로 회귀하는 경향을 보였습니다.

그리하여 근대화 이후 사회학에서 중심 문제로 등장한

'규범 변화'를 적시하는 대신에, 청년들을 도덕적으로 비난하여 그들의 목소리를 위축시키고 정치적 참여를 막거나 그들의 격화된 정서를 부채질해 기성 정당 이익의 도구로 사용하는 방식이 주를 이루게 되었습니다. 사회학에서 근대적 규범 변화의 문제는 뒤르켐에서 시작된 주류 사회학의 핵심 주제였을 뿐 아니라, 이후 '규범적 지배'의 문제를 제기한 독일 비판이론, 그람시의 헤게모니 이론, 푸코의 담론 비판 등에서도 핵심 주제였습니다.

하여튼 좌·우를 막론하고 기성세대가 규범 변화 문제에 전혀 주목하지 않으면서, '여성가족부 폐지'와 같은 비현실적 공약을 앞세워서 집권 정당이 바뀌는 일이 발생했습니다. 그러나 일단 선거 승리 후 집권 정당이 보인 자신들의 여러 공약에 대한 태도는, 그 공약들의 효용성이 집권과 함께 끝났음을 보여 주었습니다. 청년 남성들이 젠더갈등 의제를 진지하게 공론에 붙여 주체적으로 정치에 참여하는 방식이 아니라, 자신들 '편을 드는' 세력을 자신들의 '후견인'으로 삼아 익명성 속에 숨어 버린 행동의 결과, 그것은 어쩌면 당연한 결말일 것입니다. 그리하여 젠더갈등을 이용한 한바탕의 정치적 폭풍이 만들어 낸 결과를 마주해야 했던 2024년 총선에서, 젠더갈등은 정치적 의제로서 의미를 잃게 됩니다.

이처럼 젠더갈등의 현실은 급박했으나 '젠더갈등의 사회

학'이 불가능했던 이유는, 무엇보다도 정치나 학문 영역에서 여전히 '산업사회' 관점이 지배적이기 때문일 것입니다. 물론 사회학에서 '산업사회 관점 탈피'를 제안하는 시도들은 꾸준히 있었습니다. 대략 그런 제안들은 첫째, 현대사회를 '탈산업사회(또는 후기 산업사회)'로 규정하기, 둘째, 자본주의의 산업사회적 형태에 대해 변증법적으로 비판하기, 셋째, '탈근대'나 '비근대'(라투르) 등의 개념으로 근대성과 단절하려는 시도 등으로 분류될 수 있습니다. 먼저 이런 여러 제안을 살짝 비교하며 산업사회 관점을 탈피할 가능성에 대해 생각해 봅시다.

첫 번째로 거론한 탈산업사회론 또는 후기 산업사회론은 근대 사회를 '산업사회'로 규정하는 사회학의 대략 주류적 관점입니다. '탈산업사회론'이 현대사회가 '산업사회' 특성들에서 벗어나는 중이라는 '변화'의 측면을 강조한다면, 후기 산업사회론은 그런 변화에도 불구하고 현대사회 역시 여전히 산업생산에 기초하는 사회임을 강조합니다. 그러나 어떤 측면을 더 강조하든, 이 대략 주류적 관점은 '산업사회'를 근대화 이후 사회의 '운명'처럼 여깁니다. 말하자면 산업 생산이라는 경제적 기초를 바꿀 수 없는 것으로 봅니다.

두 번째는 근대 이후 자본주의와 그것의 '산업사회' 형태를 구분합니다. 여기서는 '근대화=자본주의화=산업사회화'라는 주류 사회학의 '동일성' 공리를 반박하는데, 그 비판의 방법으로 철학적 방법인 변증법을 사용합니다. 독일 비판이론이 대표적인데, 벡 역시 이 관점을 이어받았다고 밝혔습니다.[71] 이 관점에서는 '탈산업사회화=탈근대화'라는 명제 역시 거부합니다. 예를 들어 아도르노는 근대 자본주의 사회의 형태들로서 산업화를 전후로 '자유주의적 경쟁 사회'와 '산업사회'를 구별했고, 산업사회 극복의 목적을 근대 문화의 특징인 '개인 주체의 해방'으로 설정했습니다. 아도르노 다음 세대에 속하는 벡은 위에서 보았듯이, 현대사회의 탈산업사회화 추세를 '탈근대화'가 아닌 '위험사회로의 탈바꿈'으로 연결했습니다.

　　세 번째는 프랑스의 구조주의 비판 흐름으로서, 푸코의 탈근대주의나 라투르의 신유물론적 행위자연결망이론(ANT)이 대표적입니다. 푸코는 근대 자본주의에 대해 마르크스의 정치경제학 비판 관점에 대비되는 '생체 담론' 관점의 비판을 내놓았습니다. 푸코의 '생체 담론'이 '몸(성)-인구정책-과학 담론'의 연결성을 중심으로 설명하므로, 그의 관점은 현재 라투르를 비롯한 '신유물론' 이론들로 계승되고 있습니다. 푸코는 생전에 독일 비판이론의 아도르노와 자신의 관점 간의 유사성에 대해 발언한 것으로 알려져 있습니다. 그러나 아도르노가 '비판'을 '산업사회 인식론'으로부터 탈피로 규정한 데 반해서, 푸코는 '근대적 담론'으로부터의 단절을 주장했습니다.

　　이렇게 비교해 보니, 산업사회 관점의 탈피는 '변증법적'

이거나 '탈근대/비근대'의 두 방향으로 가능하다고 하겠습니다. 그런데 보통 '탈(post-)'의 의미가 일방적 단절이 아닌 단절과 지속의 양가성을 은연중에 의미하는 경우가 많습니다. 벡은 그런 양가성이 '변증법'과 다르지 않다고 봄으로써, '탈' 개념의 부적절함을 지적했습니다.[72] 저의 판단으로는, '탈' 개념을 사용하는 경우, '단절'이 일방적으로 강조되는 반면 '지속'은 (명확한 표현 없이) '은연중에' 상정되는 방식으로 논의가 진행됩니다. 따라서 저 역시 '변증법' 방법을 통해 양가성을 명확히 밝히는 것이 적절하다고 봅니다.

이런 이유로 저는 독일 비판이론의 관점을 선택했고, 그중에서도 특히 벡이 제시한 '위험사회로의 탈바꿈' 방향에서 산업사회 관점을 탈피하자고 주장해 왔습니다. 위험사회 관점에서 보면, 현재 청년세대의 젠더갈등 역시 '계급적 동일성 위치'가 아니라 개인별로 다양화한 생애위험 경험 및 인지와 관련된 문제입니다. 산업사회의 '이익 중심' 관점에서 보면 그것은 단순히 이익 분배 갈등에 그칠 것입니다. 그러나 위험사회 관점에서 보면 그런 '이익 갈등' 프레임이 청년층의 복잡하고 다차원적인 생애위험 경험을 적절히 표현할 수 있는지, 그것이 다른 위험을 배제하는 너무 단순한 프레임은 아닌지, 단순화한 이익 갈등이 우리의 삶이나 우리가 이룩해 놓은 가치를 파괴하는 쪽으로 가지는 않을지 등을 질문해야 할 것입니다.

13강 _____

청년층
정치 성향의
성별 양분화
현상

1. 중장년 남성들의 정치 성향 비교: 극우화(서구) 대 민주화(한국)

독일 비판이론의 맥을 잇는 철학자 악셀 호네트는, 분배 투쟁 등의 사회적 갈등이 경제적 이익 갈등에 그치는 것이 아니라, 본질적으로는 사회적 인정을 둘러싼 도덕적 갈등이라고 설파했습니다.[73] 자유주의에서는 개인화의 결과인 도덕적 다원주의의 혼란을 '정의(justice)'라는 공적 이성('공공성')에 기초해서 제어하도록 했습니다. 예를 들어 칸트는 도덕을 개인 심리 차원의 현상으로 보고, 그것을 초월하여 '보편적' 실천 이성의 윤리적 명령에 복종해야 한다고 설파했습니다. 자유주의에서 '정의'는 '올바른 분배'의 문제로 표현되었습니다. '이익'의 객관적 합리성이 다원주의 질서를 보장한다는 것입니다. 이런 사고방식은 근대성의 '합리적 규범'을 출발점으로 삼는 주류 사회학에도 이어졌습니다.

그런데 이처럼 공=정치/사=도덕 간의 명확한 이분법을 내세운 자유주의와 달리, 호네트는 오히려 정치와 도덕의 불가분리성을 주장하는 듯 보입니다. 사실 작금의 서구 노동자층에서 나타나는 분배 정치는 더 이상 '자본가와 대결'하는 형태가 아니라, 외국인(난민)을 적대시하는 방향으로 바뀌었습니다. 전통적 노동자 정당인 노동당, 사회당, 사회민주당에 대한 지지가 계속 약화하고, '서구 남성'의 '자존심 회복'을 강조하는 극우 정당이 득세하고 있기 때문입니다. 트럼프의 '미국을 다시 위대하게!'라는 구호는, 미국 중장년 남성 제조업 노동자를 '다시 중산층 가장으로!'로도 읽힐 수 있습니다.

이를 보면 벡이 기대했던 바와 정반대로, 서구에서 진행된 제2개인화가 세계시민주의의 성찰적 근대화 방향이 아니라, 극우화의 아노미 또는 민주주의 규범 파괴 쪽으로 연결되는 것 같습니다. 이런 식으로 신자유주의화로 인한 사회적 지위 하락에 대한 불만이 '공적 이성'에 대한 요구보다 오히려 '도덕적 일체화'를 향하는 것입니다. 그런데 이런 극단적인 '도덕 감정의 정치'는 신자유주의 정치 고유의 현상은 아닙니다. 1차 대전 패전 후 유럽에서 독일인의 집단적 지위가 곤두박질치면서, 독일 노동자들이 '민족사회주의(Nationalsozialismus, 나치즘)'로 결집한 사례가 이미 존재합니다.

아도르노는 나치즘을 '근대적 야만'이라고 불렀습니다. 근대 계몽주의의 이면이 바로 이런 극우적 야만이라는 것입니다. 그 전에 마르크스는 자유주의의 이면이 계급 간 '경제 양극화'라고 설명했습니다. 신분제와 같은 '경제 외적 권력'을 자본주의가 모두 파괴했다고 보았기 때문입니다. 그렇다면 '극우적 야만'은 자본주의가 재구축한 '근대적인 경제 외적 권력'이라고 할 것입니다. 말하자면 마르크스가 근대 자본주의 사회에서 권력이 경제로부터만 파생된다고 보았던 것과 달리, 아도르노는 '산업사회'에 이르면 자본주의 사회에서도 경제외적 권력의 자율적 원천이 만들어진다고 본 것입니다.[74] 이것을 벡은 산업사회의 '근대화한 신분제'라고 불렀고, 따라서 산업사회의 근대화는 그 이면에 새로운 방식의 신분제적 타자화 장치를 장착한 '반쪽 근대화'라고 불렀습니다.

이렇게 보면 산업사회의 정치는 기능주의 사회학에서 설파한 '민주주의' 일면만이 아니라 (근대 과학의 도구적 이성으로 무장한) '타자화의 지배'라는 이면을 가졌고, 이 이면이 바로 아도르노가 예상한 산업사회의 새로운 필연적 위기, 즉 파시즘의 근원입니다. 그러나 실상 근대 민주주의는 애초부터 국민국가의 국경을 설정해 가는 추세 속에서 형성되었기 때문에, 국경 밖의

제국주의·식민주의 등의 야만적 지배와 모순되지 않았습니다. 벡의 제안처럼 고전 사회학의 '방법론적 일국주의'를 탈피하여 위험사회에 적합한 '방법론적 세계시민주의'를 채택하면,[75] 자유주의 정치 형태인 '민주주의'와 자유주의를 위협하는 파시즘의 바탕인 '타자화의 지배'는 동전의 앞뒷면과도 같습니다.

이렇게 보면 고전적 자유주의로의 회귀라는 신자유주의의 정치적 특성은 단순히 시민 도덕을 강조한 고전적 자유주의 정치로의 회귀라고 일면화할 수 없습니다. 신자유주의 세계화 속에서 국경이 유동화함과 동시에, 과거 국경 안팎으로 갈려 있던 자유주의 정치와 제국주의 정치 간의 차이 역시 유동화할 수밖에 없기 때문입니다. (과거 미국의 노예제 시대처럼) 외국인이 국경을 넘어 자국 안으로 대거 유입되면, 제국주의적 타자 지배는 (노예제, 파시즘 등 여러 형태로) 국경 내부의 타자 지배로 전환될 수 있습니다. 따라서 신자유주의화 시대에 단순 자유방임주의가 아니라 정치의 극우화가 득세하는 현상 역시 '자연스러운' 결과일 것입니다.

여하튼 산업사회가 파시즘적 야만화로 귀결된다는 아도르노의 비관론을 뒤집기 위해, 벡은 '위험사회로의 탈바꿈'이라는 담론 전환의 장치를 도입했습니다. 그리하여 '위험사회의 제2개인화'를 통해 타자 지배의 바탕인 '집합적 범주화' 또는 '집합적 동일시'가 무력화할 것으로 기대했습니다. 그러나 우리가 현재 마주하는 현실은 '극우화'라는 바로 그 정반대의 현상입니다. 오히려 아도르노의 비관론에 근사한 현상입니다.

한동안 유럽이 기후 변화 담론에 기초해 '세계위험사회'의 연대를 주도했으나, 러시아-우크라이나 전쟁 이후 '안보'와 '에너지' 문제에 압도당하고 있습니다. 결국 벡의 낙관론과 아도르노의 비관론은 현대 정치의 '이중 세력'을 각각 가리킨다고 정리할 수 있겠습니다. 위험사회로의 탈바꿈은 '세계위험공동체의 연대'를 추동하는 낙관적 길이지만 쉽게 뒤집히고 있습니다. 반면 산업사회의 이익 논리는 지구 위의 삶을 근본적으로 위협하면서도 오히려 강력한 '생존' 논리로 적마저 쉽게 포섭합니다. 그리하여 러시아-우크라이나 전쟁 이후 서구 중장년 남성 노동자들의 극우 정당 지지에 청(소)년 남성이 가세하고 있습니다. 이것은 제2개인화를 겪으며 도로 '산업사회' 관점의 강화로 역행하는 과정이라고 할 수 있습니다.

이상에서 서구 중장년 남성들의 극우화 추세에 대해 살펴보았습니다. 그런데 이와 비교할 때 한국의 중장년층은 정반대로 진보적 정치 성향을 보이고 또 정치 성향에서 성별 차이도 나타나지 않습니다. 여기서 586세대와 민주화 세대를 구별해서 보겠습니다. 사실 '586세대'에서 가장 중요한 점은, 그들이 1980년대에 대학생이었다는 사실입니다. 즉 그들은 대학 생활을 경험한 고학력자인데, 당시에 대학은 변화를 겪었습니다.

따라서 586세대를 이해하려면 당시 대학에서 일어난 변화상을 고려해야 합니다.

먼저 1981년부터 대학 입학 본고사가 폐지되었습니다. 그리고 그해부터 1987년 폐지될 때까지 '졸업정원제도'가 실시되었습니다. 이것이 의미하는 바는, 1981~1987년 사이에 대학 입학 정원이 획기적으로 증가했을 뿐 아니라 입학생들의 구성 역시 바뀌었다는 것입니다. 이제는 명문 중고등학교를 나와서 고액 과외 덕에 일류 대학에 들어가는 폐쇄적 엘리트 경로가 지양되고 그야말로 '개천에서 용이 나올' 여건이 갖추어진 것입니다. 졸업정원제도는 애초의 의도처럼 졸업생을 걸러내는 방식으로 작동하지 않았기 때문에, 해당 연령대에서 대졸자의 비중이 갑자기 증가했습니다. 특히 남녀공학 대학에서 여학생의 비중이 증가했습니다.

한편 1980년대의 대학 생활은 신군부 독재와 5·18 민주화운동으로 시작되었습니다. 교내에 무장한 전투경찰이 상주하는 삼엄한 분위기 속에서, 연이은 시위와 충돌로 수업하는 날보다 못하는 날이 더 많았을 정도입니다. 그러면서 대학생들의 사회의식과 지적 욕구는 비판적으로 성장하고, 학교 제도보다는 오히려 자율적 조직화를 통해 채워졌습니다. 지방에서 상경하여 가족의 통제에서 자유로운 학생들을 중심으로 조직적인 정치학습과 사회과학 학습이 이루어졌습니다. 상대적으로 해독이

중장년층 남성의 정치성향: 서구와 비교

- **서구: 극우화**

  - 신자유주의로 산업사회의 '가장' 남성성 규범 위협
  - 생애위험의 개인화 → 기존 남성성 인정의 도덕적 투쟁
  - 탈타자화의 개인화 < 타자화에 기초한 탈개인화

- **한국: '민주화 세대'**

  - '586세대'의 정치적 주도
  - 산업화 성공 이후 확대된 '도시 피고용자 계급'
  - 유교 가부장적 남성의 주도

쉬운 일본어책들을 통해 마르크스주의 이론이 유입되면서, 해방 후 미군정 시기부터 남한에서 완전히 사라졌던 사회주의 사상이 다시 논의되기 시작한 것입니다.

학생운동 세력은 군사독재 아래 고통받는 기층 '민중'과 일반 대학생 '대중'을 선도해 정치적 자유뿐만 아니라 계급적 억압까지 해결한다는 임무를 스스로에게 부과했습니다. 이들은 스스로 정치적 '전위'의 정체성을 내세웠고, 이들의 문화는 대학 내에서 도덕적 정당성을 확보하고 있었습니다. 따라서 586세대가 모두 민주화 투사는 아니었고 개중 보수적 정치 성향이 없지 않았지만, 그런 학생들조차 민주화 투쟁의 정당성을 부인하

지는 못했습니다. 학생운동 안팎 대학생들의 정치적 활동과 사회 진출을 통해서, 이런 시대적 분위기는 대학 교육을 받지 않은 또래들에게도 일종의 문화적 헤게모니를 행사하게 되었습니다. 그리하여 현재 50대와 60대 초반 연령층이 '민주화 세대'의 특징을 보이게 된 것입니다.

1980년대는 박정희 정권부터 진행된 '발전주의 산업화' 정책의 결실이 가시화한 시기입니다. 그 과실을 국내외에 과시하기 위하여 1986년에 아시안 게임, 1988년에는 하계올림픽이 서울에서 개최되었습니다. 그리하여 1989년 해외여행 자유화 조치로 대한민국 국민 개인의 경험이 '지구촌'으로 확대되기 전까지, 한국 사회에서는 발전주의적 민족주의 정서가 팽배했습니다. 산업화의 성공으로 대기업 사무직 등 대졸자를 위한 노동시장이 확대되었고, 고도성장으로 인한 사회이동에 대한 기대로 국민 대다수가 중산층 귀속 의식을 보였습니다.

산업화의 이런 결실 속에서, 대졸 사무직(소위 넥타이 부대)과 고졸 생산직(중공업 노동조합 건설 운동)을 아우르며 새롭게 형성된 '도시 피고용자 계급'의 주도 아래 마침내 민주화에 성공했습니다. 따라서 대학 교육 유무와 무관하게 한 세대 전체가 '산업사회의 근대적 시민'으로서 민주화를 쟁취한 경험을 공유하게 됩니다. 이렇게 해서 '민주화 세대'라는 호칭이 성립되었습니다. 그런데 이런 과정은 앞서 보았듯이, 유교적 남성우월주의를 체화한 남성들에 의해 주도되었습니다.

기성세대 페미니즘 속의 이질적 세대 및 지향성이 통합하여 성취한 1989년 가족법 개정 이전까지, 한국 사회에서는 유교 가부장제 규범이 부동의 권위를 행사했습니다. 한국의 '민주노조운동' 역사는 1970년대의 미혼 여성 노동자로부터 시작되었으나, 결혼과 함께 여성은 노동시장에서 사라졌습니다. 1980년대에는 여성 교육 수준이 높아지고 미혼 고졸 여성들이 사무직으로 진출했지만, 대졸 여성을 위한 노동시장은 아직 열리지 않았습니다. 가족관계 역시 유교적 부계 혈족 원리에 배태된 그대로였습니다.

2. 전 세계 'Z세대'의 특성: 정치 성향의 성별 격차

2024년에 들어서면서, 한국뿐 아니라 세계적으로 소위 'Z세대'에서 성별로 정치적 이념 격차가 나타난다는 보도가 이어졌습니다.[76] 보도의 근거는 같은 해 1월 26일 발표된 미국 〈파이낸셜타임스〉 칼럼이었습니다. 거기서 미국 스탠퍼드대학교 연구진의 한 연구 결과를 소개했는데, 그에 따르면 모든 대륙에 걸친 국가에서 청년 남녀 사이에 이념적 격차가 벌어지고 있다는 것입니다. 미국에서는 최근 6년 사이에 그런 차이가 생겨났고, 독일, 영국, 폴란드 역시 마찬가지라고 합니다. '진보'의 비중이 동년배 남성들보다 여성들에서 대략 20~30% 포인트 더 높게 나타난다는 것입니다. 이런 추세는 미투운동의 세계적 확산 이후 나타났다고 설명되며, 디지털 미디어의 확산이 그 심화 요인으로 꼽힙니다.[77]

영국의 경제주간지 〈이코노미스트〉의 2024년 3월 13~14일 지면에서도 유사한 문제의식의 해설 기사를 실었습니다.[78] 여기서는 부유한 20개국의 평균값으로 추세를 정리했는데, 18~29세 남녀의 정치적 성향이 2002년을 기점으로 역전하는 현상이 나타납니다. 2002년에는 남성이 더 진보적이었으나 이후 보수화가 진행되어 2006, 2010년에는 특히 보수화가 심해졌다가 몇 년 후 다시 이전 수준으로 돌아오는 식의 부침이 보입니다. 그러다가 2018년에 또 한 번 보수화가 강화됩니다.

여성도 유사한 부침을 보이다가 2014년을 기점으로 진보 성향이 급격히 강해집니다. 그리하여 2018년을 기점으로 남녀 간 격차가 급격히 벌어지게 됩니다. 이를 보면 2018년 세계적 현상이던 미투운동이 남녀 간의 정치적 격차를 확연히 벌려놓았다는 분석이 틀리지 않은 듯합니다. 〈이코노미스트〉 기사에서는 이와 같은 격차 발생의 이유로, 남녀 간 학업성취도 또는 학력 수준의 격차와 디지털 매체의 효과를 들었습니다.

그런데 이런 세계적 추세를 '선도'하는 사례로, 위의 두 언론매체는 모두 한국을 꼽았습니다. 한국이 가장 극단적인 사례로서, 그와 같은 성별 격차의 사회적 결과가 무엇인지를 보여주는 경고등이 되고 있다는 것입니다. 여기서 지적된 성별 격차의 사회적 결과란 혼인과 출산의 급감입니다. 한국은 주지하다시피 세계 최저의 출산율을 최장기간 유지하고 있습니다. 물론 저출산 현상 자체는 한국보다 서구가 오히려 더 빨랐고, 그 결과 서구에서는 혼인제도 밖의 출산을 가족 내 출산과 다름없이 인정하는 방향으로 제도 변화를 진행했습니다. 말하자면, 저출산이 먼저인지 효과적인 저출산 정책의 부재가 먼저인지는 오히려 닭과 달걀의 관계와 같다고 할 것입니다.

어쨌든 같은 해 2월 한국에서 20~50대 미혼남녀를 대상으로 한 설문 조사 하나를 같이 보겠습니다. 거기서는 '연애 경험조차 없다(모태솔로)'고 대답한 비중이 20대에서 35.4%, 30대에서 21.9%였습니다. 유치원생에게까지 이성 친구의 존재를 묻는 사회풍토에, 과거에 비해 연애가 현격히 자유로워진 분위기를 생각하면 이 결과는 상당히 의외다 싶습니다. 또 전체 설문 대상자 중 '현재 연애하지 않는' 비중이 75.8%였는데, 그 가장 큰 이유로 '경제적 원인'을 꼽았습니다. 다만 이 1위의 비중은 17.2%에 불과했습니다.[79] 즉 약 83%는 '비경제적 이유'로 연애하지 않고 있다는 것입니다. 비교를 위해 2022년의 다른 조사 자료를 참고하면, 연애하는 비율이 1991년 18~34세의 53.9%,

2009년 20~39세의 37.6%였습니다.[80]

그런데 여기서 연애하지 않는 이유 중 '비경제적 이유'란 무엇일까요? 그것은 앞서 위험사회 관점에서 본 '사회구조적 문제'가 아닐까요? 벡은 위험사회에서 낭만적 사랑이 점점 더 비현실적이 되지만 포기되기는커녕 오히려 더욱 이상화한다고 설명했습니다.[81] 말하자면 실행으로 옮기기는 어렵지만 갈망은 커진다는 것입니다. 그리고 그 원인으로 그가 지적한 것은 '빠르게 변하는 노동시장 대 변화가 느린 제도 간의 모순'입니다. 노동시장에서 여성 노동력에 대한 수요·공급은 빠르게 증가(여성의 개인화)하는데, 그로 인해 발생하는 일·사랑 양립 문제를 제

한국 청년이 세계 청년의 성별 격차를 선도하는가?

1. 세계 청년층의 정치적 추세

- 남녀 간 정치성향 격차 증가
- 남성보다 여성이 진보 성향
- 혼인·출산의 극적 감소: 한국이 선도하는 현상?

2. 한국 청년층의 정치적 추세

- 한국 사회 고유의 압축적 변동들을 고려해야
- 제도 탄력성이 서구보다 현저히 떨어짐
- 한국 사회 고유의 사회적 모순: 산업화 시대의 가족주의 제도 대 유교 규범의 실질적 붕괴

도적으로 해결하기가 쉽지 않기 때문이라는 것입니다. 다른 인구학자들 역시 1970년대 이후 서구의 저출산 현상에 대해 대략 유사한 설명을 했습니다.

그런데 이런 추세는 오히려 더욱 강화되고 있습니다. 일자리는 더욱 불안정해지고 디지털화의 가속화로 노동시장의 이동성이 더 강화되었기 때문입니다. 동일 국적의 남녀 간 사랑도 공간적으로나 시간적, (성별 규범의 변화로 인해) 문화적으로도 점점 더 '장거리 사랑'이 되어,[82] 더 많은 심리적·시간적 투자와 더 큰 불편함을 요구합니다. 말하자면 과거 산업사회에서는 거의 자동화해서 별도의 주의가 필요치 않던 일/사랑 간의 기능적 분화와 연동이,[83] 이제는 '참을성' 투자와 '시간 안배' 계산 등 고도의 전략적 합리성을 요구하는 추가적 '노동'이 되었습니다. 물론 과거에 그런 성공적인 기능 분화는 여성의 타자화를 통해 가능했으므로 사실상 불안정한 것이었고, 그 불안정성이 지금에 이르러 드러난 것입니다.

이렇게 해서 이성 간의 '낭만적 사랑'이라는 근대적 친밀성의 결정체는 이제 계산 합리성과 낭만적 감정이 격렬하게 맞부딪치는 모순의 현장이 되었습니다. 벡의 설명처럼, 위험사회의 '사회구조적 모순'이 남녀 간의 친밀성이라는 '사적 영역'에서 돌출하는 것입니다.[84] 그런데 근대 산업사회에서 이성 간 친밀성은 단순한 성적·감정적 사안이 아니라, 근대적 개인 주체의 인격 형성을 위한 성장의 장, 교양의 장이기도 했습니다.[85] 따라서 친밀성의 위기는 단순한 심리적 위기가 아니라 근대적 주체 형성의 위기이기도 합니다.

남녀 간에 확연히 드러나는 정치적 격차는 남녀 간에 점점 더 이질화하는 '생애위험'에 대한 인식이 정치적 태도로까지 발전한 것이라고 볼 수 있습니다. 앞서 보았듯이, 생애위험의 성별 차이와 관련하여 벡은 남녀 간의 사적 갈등만을 예상했습니다만, 이제는 그것이 정치적 차이로까지 확대된다고 볼 수 있습니다. 벡은 생애위험이 매우 다양화하기 때문에, 그것을 해결하기 위해서는 타인을 '집합적 타자'가 아닌 다양한 '개인'으로 인지할 수밖에 없다고 예상했습니다. 그러나 그와 같은 '급진화한 민주적 인식'이 청년세대 전반의 문화가 아니라 '진보' 성향을 보이는 청년 여성의 정치적 태도로 나타난다는 것이 지금의 현실입니다.

여하튼 남녀 간 생애위험의 이질화와 관련된 이런 시대적 경향이 타 사회보다 한국 사회에서 훨씬 더 빠르고 격하게 진행되는 것은 사실입니다. 앞서 저는 그 이유로서, 현재 한국에서 진행되는 고유한 사회변동, 즉 '압축적 개인화'를 들었습니다. 근대 이후 서구의 개인화는 '아들'이 쟁취한 '부권 탈피'의 수직적 가부장제 타파(제1개인화)와 '아내'가 쟁취한 '남편의 가부장권 탈피'라는 수평적 가부장제 타파(제2개인화)의 두 과정이 대략 200~300년에 걸쳐 단계적으로 일어났습니다. 반면 현재 한국에서는 이 두 과정이 서로 뒤섞여 진행되면서, 청년 여성은 그런 수직·수평적 탈가부장제 움직임을 주도하며 그것을 '제도화' 수준으로 안정화하길 바랍니다. 반면 청년 남성은 두 방향 모두의 탈가부장제 추세 속에서 불안과 공포를 앞세우고 있습니다.

이 과정에서 노동시장에서는 갑질을 수반하는 '가족주의' 조직문화와 무한정 개인 책임의 신자유주의 문화가 뒤섞이는 또 다른 압축적 과정이 진행되고 있습니다. 복지 정책의 틀 역시 가족주의를 고수하면서, 그 기반 위에서 현재 붕괴하는 혈연연대의 책임을 개인에게 전가합니다.[86] 제도가 이처럼 비탄력성에 근거해 신자유주의에 안착하는 경향과 달리, 유교적 부계연대는 이제 완전히 붕괴하여 청년들은 유교가 무엇인지조차 알지 못하는 상태에 이르렀습니다.

청년들이 아는 유교는 '유교걸'이나 '유교보이'의 1920~1930년대식 개념으로 통용되는 정도입니다. 1920~1930년대에는 서구나 러시아의 '진보적' 연애문화 영향을 받은 젊은이를 언론에서 '신여성', '모던걸', '모던보이', '맑스걸' 등으로 불렀는데, 이제 거꾸로 전통 유교 규범을 연상시키는 구식 청년의 행태를 '유교걸', '유교보이'라고 부르는 것입니다. 그야말로 격세지감을 일으키는 표현입니다. 그런데 이제 이렇게 유교 규범이 붕괴한 것은 단순한 도덕적 타락이 아니라 서구의 근대화를 추격한 결과인 것입니다.

문제는 경제적 자유주의와 정치적 자유주의가 밀접하게 상호작용하며 근대화한 서구 산업사회와 달리, 한국 산업사회는 '자유주의 없는 발전주의'를 출발점으로 성취되었다는 것입니다. 그 과정에서 자유주의적 개인화는 불가능했고, 통치 세력에 의해 재해석된 유교 전통을 빌미로 과거의 사회적 관계들이 기능분화를 가로지르며 재배치되었습니다. 그러나 산업화 성공 이후 그런 '연줄망 사회'를 극복하는 과정에서 정치 민주화가 성공했고, 그 결과 '공적 시민'으로 성공적으로 정체화한 개인 주체가 이제 새로운 세대에 들어서며 사적 개인 주체로서의 자유까지 요구하는 것입니다.

이렇게 확대된 개인화의 현실이 한국 산업사회의 제도적 규범에 막혀 방향을 잃고 공론화조차 되지 않으면서, 현재 새로운 규범적 지평이 열리지 못하는 꽉 막힌 상태가 계속되고 있습니다. 따라서 단순히 신자유주의가 이런 아노미를 초래한 것이 아니라, 이런 고유한 규범적 딜레마가 마치 세계 'Z세대'를 선도하는 듯한 한국 고유의 양상을 만들어 낸다고 할 수 있습니다. 신자유주의화의 격랑 속에서 한국의 기성세대 중 유력계층은 발 빠르게 경제적 자유주의로 개종하고, 민주화 세대는 대체로 거기에 대항합니다. 그러나 한국 사회의 민주화 흐름을 지속하기 위해서는, 청년세대의 새로운 생애위험에 대한 위험사회 관점의 인식과 공론화가 필수적입니다.

　　베버가 사회학 방법론으로 제시했던 '가치 판단의 자제(Wertfreiheit)'가 요구되는 시점이라고 생각합니다. 베버의 이 개념은 오랫동안 실증주의를 정당화하는 '완전한 가치중립성'으로 이해되었습니다. 그러나 저는 그렇게 협소하게만 사용할 개념은 아니라고 봅니다. 오히려 사회학자는 자신의 도덕적 선입견을 벗어나서 사실 그 자체에 최대한 집중해야 한다는 충고라고 생각합니다. 그런 후 '정책 연구'로 가면 비로소 가치 판단의 개입이 정당화된다고 베버는 구별했던 것입니다.

14강

불평등의 복잡화와 민주주의의 위기

1. 불평등의 복잡화와 자유주의적 개인주의 규범의 위기

앞서도 보았듯이, 흔히 '3세대 비판이론가'로 불리는 호네트는 사회 정의가 단순한 이익 분배의 문제가 아니라 '사회적 인정'과 관련된 규범적 성격을 갖는다고 했습니다. 마르크스의 시대에 또는 자본주의 계급 문제가 정치적 대결로 나타난 유럽 산업사회에서는, 분배가 '배고픔'이라는 인간의 보편적 욕구와 관련되어 있다고 보았습니다. 그러나 자본주의가 욕구 충족을 위한 상품 생산만이 아니라 욕구 그 자체를 생산하는 '탈근대'의 문제는, 욕구의 규범성에 대한 논란을 불평등의 중심 의제로 새롭게 끌어올렸습니다.

그런데 사실 자본주의가 생산하는 욕구에 대한 설명은 프랑스 '탈근대주의'의 전유물은 아닙니다. 이미 19세기에 독일 사회학자 짐멜은 '돈'이라는 자본주의적 상징매체가 생산하는 근대적 '충동'에 대해 설명한 바 있습니다. 대표적으로 『돈의 철학』에서 짐멜은, 근대적 주체의 해방적 충동을 생산하는 것과 돈에 대한 그들의 새로운 예속 충동을 생산하는 것 모두가 근대의 새로운 상징매체인 돈에 내재한 철학이라고 설명했습니다.

한편 '탈근대주의'의 시조로 평가되는 푸코 역시 '욕구 생산'의 물질-규범적 장치가 후기 산업사회에 비로소 나타난 것이 아니라 이미 근대화와 함께 마련되었다고 설명했습니다. '배고픔'만큼 보편적이라고 여겼던 '이성애 성욕'이 사실은 자본주의 국가의 '인구 정치' 목적으로 생산되었다는 것입니다. 이와 같은 자본주의의 욕망 생산 장치는 객관성·중립성을 표방하는 근대 과학을 발판으로 삼아, 가부장적 성역할 규범과 근대적 남성성 규범 등을 '보편적'이거나 '정상적'인 것으로 제도화했습니다. 그 결과, 2차 대전 이후 다양하게 분출한 정치적 대립은 더 이상 계급 대결에 제한되지 않고 젠더, 인종, 생태 등의 '생명×규범'의 물질-담론적 전선을 형성했습니다.

이렇게 불평등의 문제가 '객관적' 물질 분배만의 문제가 아니라 '규범적 인정'과 얽힐 때, '불평등' 문제에서 주관적 또는 상호주관적 '의미'의 문제가 부각됩니다. 그리하여 불평등

갈등은 '의미'를 둘러싼 심리적 또는 사회심리적 대결을 초래합니다. 벡은 위험사회의 제2개인화와 함께 새롭게 발명되는 정치가 바로 이런 '메타 정치' 또는 '개념 정의의 정치'라고 보았습니다.[87] 그가 말하는 '위험사회(risk society)' 개념 역시 '리스크(계산된 위험)'를 둘러싼 담론 정치, 즉 위험에 대한 계산과 개념 정의가 정치의 중심으로 떠오르는 사회를 말합니다.

현재 세계적으로 진행되는데 한국이 가장 앞서 있다는 남녀 간의 정치적 격차 역시 이런 불평등의 '복잡화'와 근본적으로 연관되어 있습니다. 여기서 불평등의 '복잡화'는 두 가지 측면의 복잡화입니다. 하나는 물질-규범이 얽혀서 분배와 불평등의 문제를 일으킨다는 것이고, 다른 하나는 그 얽힘의 양상이 (예를 들어 앞서 본 교차성 페미니즘에서 지적하듯) 매우 다차원적이라는 것입니다. 비판이론을 계승한 미국 페미니스트 낸시 프레이저는 호네트의 '인정 일원론'에 맞서서 '분배/인정 이원론'의 '인식론적'으로 물질-규범이 얽힌 불평등 문제에 접근합니다.

그러나 푸코를 계승한 '신유물론'에서는 물질-담론의 얽힘을 인식론적 문제가 아닌 존재론적 문제로 봅니다. 그런 이유에서 그것은 '담론과 불가분의 물질' 존재로부터 출발하여, 물질/담론을 이원적으로 구별하는 구유물론의 출발점을 수정했습니다. 저는 물질-담론 얽힘 속의 불평등 분배라는 불평등의 속성과 관련하여, 독일 비판이론의 인식론적 접근보다 신유물론의 존재-인식론적 접근이 더 설득력 있다고 판단합니다. 교차성 페미니즘에서도 주장하듯이, 물질-규범이 얽혀서 만들어 내는 다양한 불평등은 단순한 인식론적 문제가 아니라 존재론적 체험이기도 하기 때문입니다.

이렇게 불평등을 단순히 물질적 분배의 문제가 아니라 물질-의미의 얽힘이 초래하는 복잡한 문제로 보면, 사회 정의가 더 이상 양적 재분배만을 의미하지 않고 질적 해방, 즉 규범적 지배로부터 주체의 해방 역시 포괄하게 됩니다. 예를 들어 성역할 규범으로부터 개인의 해방이나 가부장적 남성성 규범으로부터의 해방 등이 '젠더 불평등 분배' 문제에서 핵심적 요소가 된

불평등의 개인화와 복잡화

- 계급 불평등의 개인화: 불평등 '소멸'이 아닌 복잡화, 유동화
- 불평등 복잡화의 두 차원

  1) 재화 분배 불평등×규범적 지배
  2) 불평등 전선의 다차원화: 계급·계층, 성별, 인종, 민족, 종교, 연령, 장애 여부, 성적 지향성 등
  ⇒ 불평등 '개인화=복잡화'의 '이중적' 변화

- 불평등 개인화·복잡화의 결과: 위험사회 방향의 세계시민화인가? 극우화한 이익 갈등인가?
  ⇒ 새로운 갈등의 정치: 위험사회 관점 대 극우화한 산업사회 관점

다는 것입니다.

　현재 성별로 이질적인 생애위험을 생산하는 위험사회 속에서, 그것을 경험하는 청년 남녀가 각각 다른 정치적 견해를 갖는 현상은 바로 이런 불평등의 복잡한 속성과 관련됩니다. 물질적 분배 불평등이 규범적 지배와 복잡하게 또 다차원적으로 얽혀 있을 때, 그에 '단순하게' 대응하는 방식은 두 가지로 구분됩니다. 하나는 복잡한 불평등을 물질 차원으로 환원해서 계급·계층의 문제로 축소하는 것입니다. 이것은 전형적인 '산업사회' 관점으로서, 벡은 이것을 '단순 근대'의 방식이라고 불렀습니다. 다른 하나는, 불평등을 담론 문제로 환원해서 '담론 경쟁의 정치'에 올라타 물질적 불평등의 구조를 외면하는 것입니다. 이것은 아도르노가 예상한 산업사회의 불가피한 결과, 즉 파시즘적 방향이라고 할 것입니다.

　현대 서구 정치의 극우화나 한국의 젠더갈등 프레임에서 우리는 후자의 측면을 감지할 수 있습니다. 물질적 분배는 명백히 젠더, 인종, 국적 등에 따라 불평등합니다. 그러나 극우적이거나 한국의 젠더갈등 담론 프레임은 불평등을 규범적 인정의 '(역)차별' 문제로 축소합니다. 그렇게 하는 이유는 그들의 생활방식이 산업사회 규범에서 도덕적 '주류'였기 때문입니다. 실제 불평등의 양상과는 별도로, 자신들의 생활양식을 계속 인정받아야 그것이 사회 정의이고 '공정성'인 것입니다.

과거 2차 대전 당시 자유주의 진영이 사회주의와의 연대를 감수하면서까지 나치즘·파시즘과 싸웠던 이유는, 객관적 현실을 무시하는 그와 같은 담론 경쟁 일변도의 정치가 '합리성'을 앞세우는 자유주의와 공존할 수 없기 때문입니다. 그러나 현재 신자유주의라는 이름의 '정치적 해방 없는 고전적 자유주의'로 자유주의 진영이 노선 변경을 한 이후, 산업사회에서 자유주의적으로 제도화한 계급·계층 분배 정치는 (아도르노가 그 이면의 감춰진 진실이라고 본) 탈현실의 극우적 담론정치에 자리를 내주고 있습니다.

이를 볼 때, 과연 한국 청년층의 격화된 젠더갈등이 세계적 추세를 선도하는 현상인지 다시 묻게 됩니다. 왜냐하면 서구에서는 'Z세대' 남성 이전에 이미 중장년층 남성이 정치 극우화를 이끌었기 때문입니다. 물론 저출산 현상도 서구가 한국보다 앞섰습니다. 다만 서구에서는 벡의 기대처럼 여성 개인화가 아노미가 아닌 '성찰적 개인화' 방향에서 사회적으로 수용되어 제도 변화를 이뤘습니다. 그래서 저출산 완화가 가능했던 것입니다.

서구에서 불평등 구조의 현실에 (그뿐 아니라 기후 변화의 위험사회 현실에도) 눈감는 '담론 경쟁 정치'의 전선은 젠더보다 '국적'이나 '종교'를 중심으로 한층 강하게 형성되어 있을 뿐입니다. 그리하여 서구에서 신자유주의 세계화로 한층 격화된 불평등의 복잡화는, 중장년층 남성들의 극우화 이후 '자유주의 정치의 위기'로 연결되고 있습니다. 자유주의의 핵심인 개인주의 규범 역시, 아도르노가 말한 '개인 소멸(극우적 군중 속에 투항)'의 방식으로, 즉 개인 주체 내면에 근거한 양심적 정당성을 포기하고 '그들만의 개인주의'라는 집단성에 투항함으로써, 붕괴하고 있습니다.

2. 혐오정치: 복잡한 불평등을 본질주의로 축소하는 '인식론 정치'

불평등에서 규범 또는 사회적 의미의 문제는 19세기에 이미 베버의 '사회계급' 개념을 통해 한차례 논의된 바 있습니다. 베버에 따르면 산업사회의 똑같은 무소유 계급인 피고용자 지위라고 해도, 정신노동과 육체노동의 위세나 규범이 다릅니다. 이처럼 규범 또는 의미의 문제를 포괄하면, 불평등 현실을 설명하는 데서 소유관계(마르크스)나 재화의 분배(롤스)뿐만 아니라 그것에 대한 인식론적 현실 역시 중요해집니다. 그렇다면 여기서 '인식'이란 무엇을 말할까요? 이에 대해서는 이론적으로 두 가지를 생각할 수 있습니다. 하나는 아도르노가 칸트 철학으로부터 가져온 '개인'의 인식이고, 다른 하나는 루만이 구성주의 사회학의 출발점으로 삼은 사회적 인식, 즉 소통

(communication)의 결과물입니다.

　　루만은 마투라나의 복잡계 인지생물학을 사회학에 적용하여 파슨스의 기능주의 체계이론을 수정한 신기능주의자입니다. 그 이론 수정의 출발점은 사회적 규범체계 또는 의미론이 베버가 말했듯 개인들의 '의도'에 의해 결정된다(방법론적 개인주의)고 볼 수 없다는 것입니다. 파슨스의 기능주의는 베버의 행위이론을 통해 뒤르켐의 구조론을 설명하려는 (그러나 성공적이지 못한) 기획입니다. 루만 역시 파슨스와 마찬가지로 사회적 의미들이 체계를 이룬다고 설명하지만, 그 체계의 구성은 개인 주체가 아니라 그들 '사이'의 상호 소통의 우발적 성공에 기인합니다. 그리하여 규범체계 등 사회적 의미론은 이미 성공한 소통으로 고정된 의미들의 체계적 자기 생산의 결과라는 것입니다. 이것은 칸트 전통의 주체 철학에서 벗어나 알프레드 슈츠의 사회현상학으로 연결되는 구성주의적 관점입니다.

　　루만에 따르면 '인식'이라는 것은, 인식 주체와 객체가 서로 구별되지 않는 '비구별' 상태로부터 그것이 '구별되는' 과정입니다. 이런 구별은 무질서한 과정이 아니라 '체계화'의 과정입니다. '체계화'로서 구별이란, 객체인 '환경'을 있는 그대로 인식하지 않고 체계적으로 선택하여 인식한다는 뜻입니다. 이런 과정을 루만은 '복잡성을 축소'하는 과정이라고 설명합니다. 동시에 인식의 '진화'는 인식의 복잡성이 증대하는 것을 말합니다.

즉 인식이란, 존재의 복잡성을 체계적으로 축소하여 체계(인식 주체)와 환경을 구별하는 것입니다. 그리고 인식의 진화는 그런 구별이 점점 더 복잡해짐을 말합니다. 이런 설명 방식을 인식 체계의 '자기 생산(autopoiesis)'이라고 부릅니다. 복잡계 인지생물학에서 기원한 이 개념은 이후 페미니스트 과학철학자 해러웨이가 주장한 체계와 환경의 '공동 생산(synpoiesis)' 개념을 통해 비판되었습니다. 해러웨이가 주장한 '공동 생산' 개념은 현재 신유물론 쪽에서 수용되고 있습니다.[88]

루만의 이런 '구성주의 체계론'의 인식론을 또 하나의 '인식' 방향인 아도르노의 '주체론'적 인식론과 비교해 봅시다. 칸트는 근대 자연과학적 인식을 '순수이성'의 작용으로 설명했습니다. 순수이성은 인간 개개인이 천부적으로 타고난 자연과학적 인식능력을 말합니다. 아도르노는 칸트의 '순수이성'이 '사회과학적 설명에는 부적합한 '도구적 이성'이라고 비판했는데, 이런 관점 역시 칸트로부터 유래합니다. 칸트가 사회 현상을 합리적으로 이해하려면 보편윤리적인 '실천 이성'에 기초해야 한다고 설명했기 때문입니다.

어쨌든 칸트의 '순수이성'은 인간의 보편적 이해 능력인 '오성(Verstand)'의 범주들로 자연의 복잡성을 축소(범주화)하는 방식입니다. 말하자면 칸트와 아도르노의 인식론은 앞서 본 베버의 행위론처럼 '방법론적 개인주의'에 기초해 있습니다. 개인들의 두뇌에 존재하는 '순수이성'이 과학적 인식을 체계화하는 주체가 됩니다. 그런데 사회과학 이성인 '실천 이성'도 사정은 다르지 않습니다. 칸트는 그것이 모든 개인에게 보편적으로 전달되는 '정언 명령'이라고 했고, 아도르노는 그것이 개인의 인식론적 '비판'이라고 했습니다. 결국 여전히 방법론적 개인주의를 고수하고 있습니다. 루만은 이런 방법론적 개인주의를 비판합니다. 그러나 거기서 그치지 않고 그는 '개인 주체' 개념까지 모두 폐기하는 과도함으로 향했습니다. 개인은 사회적 의미 형성의 주체가 될 수 없고, 소통의 지배를 받을 뿐이라는 것입니다.

실증주의를 옹호하는 루만은 사회적 합리성을 주체 윤리의 문제로 설명하는 칸트의 방법론적 개인주의를 계승한 아도르노를 '도덕주의'라고 비판했습니다. 그리하여 사회학은 현실의 사회적 소통에서 우발적으로 생산된 결과만을 실증적으로 연구해야 한다고 주장했습니다. 저는 이러한 실증주의 관점에 동의하지 않습니다. 실증주의는 자연과학적 '법칙성'을 내세우지 않으면 미래에 대해 어떤 발언도 할 수 없기 때문입니다. 그러나 '사회적 인식'이 현실의 복잡성에 대한 체계적 축소를 통해 일정한 사회적 의미론을 구성하는 인간 간 소통의 생산물이라는 그의 지적에는 동의합니다.

그러나 여기서 루만은 소통 '권력'의 문제를 완전히 배제했습니다. 소통 권력, 즉 담론 권력의 문제를 고려할 때, 저는 루만이 옹호하는 기능주의적 의미론이 산업사회의 '지배적' 의미론에 불과하다고 봅니다. 실제로는 소통 불평등의 구조 속에서 지배담론과의 '차이'를 주장하는 여러 목소리가 공존하고 충돌한다고 봅니다. 오늘날 불평등이 다양한 규범적 입장들과 맞물려서 복잡화한 현실은 저의 이런 반기능주의 관점을 지지한다고 생각합니다.

이런 관점에서 볼 때, 오늘날 새롭게 부상하는 '인정투쟁'의 형태들, 특히 서구의 국적 또는 종교 갈등(난민 혐오, 이슬람 혐오)과 한국의 생물학주의 젠더갈등과 같은 '혐오정치'는 소통 권력의 결집을 통해 '현실을 의미론적으로 구성', 즉 규범적으로 단정하는 매우 '관념론적'인 정치 형태입니다. 그렇게 보는 이유는, 불평등의 인식에 작용하는 '체계의 선택성'이 지나치게 인식 주체들의 '(사회)심리적 현실'에 의존하기 때문입니다. 여기서 호네트의 '인정투쟁론'과 프레이저가 분류한 '인정의 정의론'을 비교해 볼 필요가 있습니다.[89]

프레이저가 말하는 '인정의 정의론'은 분배 절차 중심의 자유주의 정의론에서 거론조차 되지 못하는 '규범적 불평등'에 대한 것입니다. 그것은 자신들의 현실 경험이 사회의 지배적 규범으로 인해 언어화될 기회조차 얻지 못하는 '사회적 타자'들의 목소리가 사회운동화하는 새로운 양상에 대한 발언입니다. '인정투쟁'이 자신들의 '정상성'이 인정받지 못하는 데 대한 '억울함'이나 '불안'을 표현한다면, '인정의 정의론'은 현실에서 실제 겪는 불평등이 언어에 대한 규범적 지배로 인해 언어화되기 어려운 상황의 부정의를 문제 삼습니다. 즉 언어 권력의 문제가 불평등의 현실과 얽혀 있으므로, 발화의 평등 역시 보장되어야 한다는 것입니다. 인정투쟁이 공유된 심리적 현실에서 출발해 목소리 권력을 결집하는 것이라면, 인정의 정의론은 애초부터 막힌 목소리의 '평등성'을 인정받으려는 것입니다.

사회학이 관념이 아닌 현실을 이해하는 것이라면, 그 '현

혐오정치: 관념론적 인식론 정치

- 인식: 인식 주체와 인식 대상에 대한 체계적 구별의 과정
- 사회적 인식: 사회 구성원의 소통 속에서 생산되는 인식
- 사회적 인식은 규범적이다 (강제력을 행사한다)

  - 칸트의 '정언 명령': 보편윤리의 규범
  - 아도르노의 '이데올로기': 잘못된 인식의 규범적 지배
  - 루만의 '사회적 체계'(규범, 제도): 기능주의적 규범

- 혐오 정치: 특정 집단 '사회적 인식'의 도덕성 주장, 현실 인식보다 특정 소통 세력의 '사회심리적 현실' 강조

실'이 무엇인지를 명확히 해야 합니다. 심리적 현실은 실제 현실을 반영하기도 하지만 가상 현실과 친연성이 큽니다. 디지털 가상 세계에서 사회적 지표보다 심리적 주장이 더 힘을 얻는 이유가 그것입니다. 반면 불평등은 단순한 심리적 또는 도덕적 문제가 아니라 물질-사회적 조건 속에서 주관성과 객관성의 충돌을 끊임없이 경험하는 현실의 문제입니다. 근대 계몽주의는 외부로부터 규정된 관념론적 도덕 규정에 순응하기를 그만두고 객관적 현실 인식에 기초해 자기 삶의 주인이 되도록 주체의 해방을 촉구했습니다.

그런데 기능분화가 고도화한 산업사회의 점점 복잡해지는 불평등에 맞서서, 이 현실의 복잡성을 인식하는 주체가 되기보다는 오히려 그것을 회피하기 위해 단순화한 차별을 통해 상호 간에 도덕적 승인을 확인하려는 무리 짓기의 정치가 확산하고 있습니다. 루만의 견해에 의하면 인식의 단순화는 진화에 역행하는 것입니다. 비판이론이 근대화를 주체 해방의 '계몽' 관점에서 보았다면, 루만은 그것을 '사회적 인식 체계의 진화 과정'으로 설명했습니다.

그에게 진화의 완성인 근대화는 임의적 도덕주의로부터의 탈피이자 기능주의적 가치 중립을 의미했습니다. 그러나 이제 다시 도덕주의로의 회귀가 공공연히 관찰되는데, 그 방향은 루만이 '반실증주의 도덕 관점'이라고 비판했던 '보편 윤리'의 방향이 아닙니다. 자유주의에서 보편 윤리는 집단별 특수주의 도덕을 강조하는 '선(善)의 이론'이 아니라 가치 중립 또는 불편부당의 '정의론'입니다. 그러나 현재 관찰되는 정치적 무리 짓기의 도덕화는 그런 보편 윤리가 아닌 특수주의 도덕 결속에 기초합니다. 그것은 오히려 루만이 근대적 기능분화로 인해 무력화했다고 단정 지은 현상입니다.

15강 _____

출구는
있는가?

1. 세상에서 가장 우울한 나라 한국?: 기성세대의 문화 권력을 돌파하기 어려운 청년들

최근 미국의 한 유명 작가이자 유튜버가 한국을 방문하고 돌아간 후 한국이 세상에서 가장 우울한 나라라는 내용의 영상을 올렸다는 보도가 있었습니다.[90] 직장에서 과로로 쓰러질 정도여도 그에 대해 아무 말도 안 하는 것이 한국의 직업 윤리라며, 개인에게 가해지는 한국 특유의 강한 사회적 압력을 지적했습니다. 그는 이것이 유교문화의 나쁜 점과 자본주의의 단점이 결합한 결과라고 말했습니다. 저는 과거 한 논문에서 한국 저출산의 가장 큰 원인이 개인의 생활시간을 허락하지 않는 노동시장의 조직방식이라고 분석한 바 있습니다.[91] 앞서도 누누이 보았듯이 한국에서는 '개인'을 내세우면 이기주의자로 비난받습니다.

그러나 현재 우리가 경험하는 바에 따르면 개인들의 모든 목소리가 항상 억눌리지만은 않습니다. 예를 들어 능력주의가 곧 공정성으로 여겨지는 분위기 속에서 개인의 능력을 앞다퉈 내세우는 것은 오히려 합당한 처신으로 여겨집니다. 또 청년 여성의 페미니즘 목소리가 처음에는 '이기주의'로 몰렸으나 현재는 진보 진영에서 무시할 수 없는 의제가 되었습니다. 청년 남성들의 반페미니즘 목소리 역시 처음에는 '찌질하게' 여겨졌으나 이후에는 보수정당과 언론의 중요한 정치 의제가 되었습니다. 말하자면 '개인의 목소리'가 일괄적으로 억압되는 단계는 이미 지났고, 기성세대에 의해 '선택적으로' 수용되고 있음을 알 수 있습니다.

따라서 개인들이 목소리를 내는 방식과 그것이 기성 조직사회에 수용되는 방식이 반드시 일치하지는 않습니다. 기존 세력으로부터의 선택적 수용이란, 일종의 경로의존성을 의미하기 때문입니다. 청년 여성의 페미니즘은 근대적 '평등'의 명분을 주장하므로, 민주주의 사회에서 정치적으로 충분히 정당화될 수 있습니다. 따라서 여성들은 주체가 되어 젠더 불평등을 공론화해 왔습니다. 청년 여성의 이와 같은 정치 주체화 현상에 대면하여, 특히 권위주의적 발전주의를 비판해 온 민주화 세력은 그것을 거부하기가 어렵습니다. '평등'이라는 민주주의의 명분 때문입니다. 따라서 소위 '진보' 기성세대는 대세에 밀려 '어쩔 수 없이' 청년 여성 페미니즘을 수용해 왔고, 청년 남성은 이것을 '남성 정체성'에 대한 배신으로 규정한 것입니다.

반면 청년 남성의 반페미니즘은 '반차별'이라는 근대적 '평등'의 어휘를 페미니즘으로부터 가져와서 미러링하지만, 사실은 현대의 '남성성' 규범 변화 속도를 최대한 늦추려는 움직임입니다. 그들은 여성의 이성적·공적 행위 능력을 부정하여 '보호'를 명분으로 여성을 사적으로 통제하는 '산업사회 가부장제'의 비현실성을 인지하므로, 기성세대 남성보다 약화한 가부장적 태도를 보입니다. 그러나 동시에 성별을 뛰어넘는 신자유주의적 '능력주의'를 다시 남성의 육체적·사회적 기준으로 걸러내려고 합니다. 이처럼 스스로가 모순적이므로, 청년 남성들은 스스로 공론장의 주체로 등장하여 반페미니즘을 외치기가 쉽지 않습니다.

청년 남녀에게 서로 다른 이런 사정 때문에, '진보적' 기성세대가 청년 여성의 목소리를 단지 '수동적'으로만 받아들인다면, '보수' 정당과 언론은 오히려 '적극적'으로 자신들이 개입할 여지를 찾습니다. 청년 남성의 모순된 요구를 기성세대 권력으로 정당화해 주고, 그럼으로써 그동안 청년층에서 미약했던 자신들에 대한 정치적 지지를 확보하려는 것입니다. 이렇게 해서 '보수' 기성세대는 청년 남성을 '젠더갈등' 의제화 세력으로 정의하고, 스스로 그들의 정치적 후견인을 자처하게 되었습니다.

이를 가능하게 한 청년 남성 측의 충동 또는 정동은 '억울함'인데, 이처럼 억울함을 스스로 발화하여 의제화하지 못하고 후견인이 나서서 대리 발화하도록 하는 것은 전형적인 '전근대적' 정치, 특히 조선 유교 정치의 방식입니다. 조선 유교의 '민본주의'는 백성이 스스로 공론장에서 발화할 권리를 최대한 억눌러 그들을 '서발턴'으로 유지하는 가운데 '민심'을 사대

기성세대 문화 권력과 청년의 목소리

- **청년 여성의 페미니즘 목소리와 기성세대**

  - '민주화 세대' 문화 권력에 의한 '소극적' 수용
  - '평등' 명분을 공유하기 때문
  - 민주화 세대와 청년 페미니즘의 관계: 투쟁 속의 연대

- **청년 남성의 반페미니즘 목소리와 기성세대**

  - '보수' 기성세대 문화권력에 의한 '적극적' 수용
  - 청년 남성의 '모순' 포착 및 기성세대 문화권력으로 정당화
  - 보수 기성세대와 청년 반페미니즘 관계: 정치적 후견 관계
  (비교: 조선 양반층의 후견자적 '민심 정치')

부 정치의 정당성 근거로 삼는 양가적 정치 형태입니다. 따라서 '민심'이 무엇인지는 그것을 대변한다는 '사대부층'에 의해 정의됩니다. 사대부의 이런 '담론 권력'을 통해 민심은 사대부의 이익 투쟁에 동원되는 정치적 자원이 됩니다.

따라서 이런 정치 행태를 환영한 청년 남성들의 태도는 자타공인 '개인주의' 세대인 그들의 이름값에 미치지 못합니다. 그들은 민주화 세대가 충분히 근대적이지 못하고 '집단주의적'이라고 불만을 표출해 왔습니다. 그러나 '젠더갈등'의 정치 의제화와 관련해서 그들은 오히려 전근대적인 가부장적 정치적 후견을 환영하는 모순을 드러냈습니다.

이처럼 남성들이 시대의 흐름을 거스르면서 '남성 지위의 보장'을 요구하고 또 정치권이 그에 화답한 사례는 근대화 과정에서 전혀 낯설지 않습니다. 앞서도 보았듯이, 산업혁명 이후 산업화의 꽃이었던 영국 방직공장 노동력은 여성과 아동으로 채워졌던 반면, 도시 남성들은 기계파괴운동으로 산업화에 맞섰습니다. 그런데도 당시 차티스트운동에서 주장한 노동자 선거권은 남성에게만 허락되었습니다.

이런 사례는 한국 산업화 과정에서도 나타났습니다. 한국의 산업화 동력이던 1970년대 수출지향적 산업화에서 노동자의 대부분은 어린 여성들이었습니다. 그들이 '민주노조운동'을 주도했는데, 당시 남성 노동자는 '구사대'가 되어 민주노조를 진압했습니다. 이후 중화학 공업 중심 산업화로 제조업 남성 노동력이 중요해지자, 여성 노동자들은 '노동자의 아내'로 지위가 바뀌었습니다. 남성 노동자에게 이처럼 '가장' 지위를 보장해 준 '포디즘'은 자본주의가 대공황을 돌파할 수 있던 획기적 방법이었습니다.

그러나 이제 자본주의는 단순히 '공황'만이 아닌, 전혀 다른 성격의 위기를 향하고 있습니다. 이것이 바로 '산업사회' 관점을 떠나야 하는, 그래서 '위험사회' 관점을 취해야만 하는 우리 삶의 현재 조건입니다. 마르크스가 자본주의에 내재하는 위기라고 했던 '공황' 등 경제 위기를 해결하는 과정에서, 자본주의는 자연을 '착취' 수준을 넘어 '조작'하고 있습니다. 누가 권력자가 되든 산업사회 관점을 유지하는 한 그 위험은 피할 수 없습니다. 즉 이제 자본주의의 문제는 생산력을 파괴하는 계급 권력의 문제가 아니라, 지구를 파괴하는 욕망 권력 또는 인식 권력의 문제가 된 것입니다. 이 새로운 위기에 대처하기 위해서는 지배 권력의 단순한 교체가 아니라, 만인의 생활방식이 바뀌어야 합니다. 산업사회가 생산한 욕망으로부터 탈피해야 하는 것입니다.

지금 세계는 '도로 산업사회화'하는 현상들로 가득합니다. 러시아-우크라이나 전쟁, 가자지역 전쟁 등은 모두 산업화한 군사력을 앞세운 노골적 이익 투쟁이고, 그 결과 그동안 기후 변화 정치에 앞장섰던 유럽 청(소)년의 정치의식마저 점령하고 있습니다. 유럽 청(소)년들이 극우 정당 지지에 가세하는 형국입니다. 그러나 기후 변화에 대한 인식이 약화한다고 해서, 기후 변화의 속도가 더뎌지거나 멈추지는 않습니다. 산업사회가 생산한 욕망이나 인식이 지배하는 '심리적 현실'보다 더 중요한 것은 '삶의 현실'입니다. 한국에서 우리는 현재 '젠더갈등'을 동원해 집권한 정권이 만든 '현실'을 경험하고 있습니다. 과연 더 살 만한 '한국 사회'가 되었나요?

2. '개인 되기'의 새로운 길 모색: 보편적 돌봄 관계 속의 개인 주체화

한편으로는 산업화 성공의 결실로 획득한 정치적 민주화 추세에 따라, 다른 한편으로는 신자유주의화라는 경제적 자유주의로의 세계사적 퇴행 속에서, 한국 사회에서도 이제는 청년층의 개인주의 문화를 부정하거나 탓할 수만은 없는 상황이 되었습니다. 그리하여 진보/보수의 이념 갈등이 부풀려지고 그 내용 역시 명백히 변화하는 와중에, 각 정파에 따라 청년층의 개인주의 문화를 서로 다르게 수용 또는 이용하는 현실이 만들어졌습니다. 이처럼 온라인 젠더갈등이라는, 산업사회 구조변동에 대한 청년들의 반사적 대응이 기성정치 세력의 이해관계에 따라 체계적으로 도구화하는 불행이 발생했습니다.

그리하여 그것은 사회구조적으로 불가피해진 규범 변화의 방향을 모색하고 그를 위해 사회적 논의를 활성화하는 교과서적 방향으로 나아가지 못하고, 오히려 사회적 갈등과 대립을 조장하는 정략적 수단으로 전락했습니다. 그것은 일제 강점과 발전주의 독재로 초석이 깔린 한국 근대 정치의 경로가 민주화 이후에도 본질적으로 변화되지 못했음을 드러낸 사례라고도 생각될 수 있습니다. 그러나 이것은 한국 정치의 특수성인 동시에 코로나19 팬데믹 이후 한층 눈에 띄게 확인되는, 근대 자유주의 정치체계 자체의 위기와도 관련된 현상입니다. 말하자면 한국은 다시 한번 세계사의 격동 속에서 한국 사회 고유의 미래를 만들어야 하는 과제에 직면한 것입니다.

코로나19 팬데믹은 근대적인 산업사회 문명에 두 가지의 도전을 가했습니다. 우선 산업사회의 자유주의, 개인주의 철학에 대한 도전입니다. 산업사회의 사회적 경계를 인지할 리 없는 감염병의 재난 특성으로 인해서, 인간의 '돌봄 특성' 또는 '상호의존성'에 대한 존재론적 각성이 확대되었기 때문입니다. 모든 경계를 넘나드는 바이러스 앞에서 개인이 타인과 자연 등의 환경으로부터 독립적이라는 자유주의 존재론의 출발점이 의심받게 되었습니다.

사실 '돌봄'의 존재론은 이미 1990년대부터 서구 페미니즘에서 제기한 자유주의 비판 중 주요한 흐름이었습니다. 또 산업사회가 생산한 생태위험 등에 대한 이론적 관심이 증가하면서 최근에는 신유물론에서도 돌봄의 관계적 존재론을 점차 강조하고 있습니다. 돌봄의 관계론은 마르크스의 계급 관계론이나 공동체주의의 공동체 관계론과 구별됩니다. 마르크스의 경우 개인은 계급 관계에 배태되어 있으나, 노동은 개인적인 성취로 정의됩니다. 공동체주의의 관계론은 '미덕'이 부여된 사회적 위계와 불가분의 관계입니다. 그러나 지구적 감염병은 단순한 정치경제학적 현상이 아닐뿐더러, 또 미덕에 따라 차등적으로 해결될 문제도 아닙니다.

한편에서는 이처럼 자유주의 인간관에 대한 회의가 커지는 데 반해서, 다른 편에서는 감염병을 부정하고 오히려 개인의 자유를 '절대화'하려는 움직임이 확산했습니다. 서구 자유주의는 고전적 자유주의 시절부터 사회로부터 완전히 고립된 개인의 '절대적 자유'를 주장하지는 않았습니다. 애덤 스미스는 '시민'의 도덕을 중시했고, 프랑스 혁명에서는 '평등'과 '연대'를 강조했습니다. 말하자면 애초부터 자유주의는 근대 사회의 '정치적 연대'와 관련된 것이었습니다.

그러나 코로나19와 관련된 '음모론'이 구미 사회에 퍼지면서, 과잉 의료 추세의 전문가 자본주의에 적대적이던 '자연 친화' 세력 중 상당수가 극우에 합류하는 이변이 발생했습니다. 그들은 개인위생에 대한 국가, 기업, 전문가의 개입 정당성을 전적으로 부정하며, 전통적 자유주의 교양 지식층에 맞서 자신들의 '정치적 자유'를 주장하던 극우세력과 합류하게 됩니다. 그리하여 신자유주의가 내건 '개인의 자유'라는 깃발 아래 경제적 자유 세력뿐만 아니라 다양한 '절대적 자유' 세력들이 결집하여, 극우의 스펙트럼이 다양해지는 결과가 나타났습니다.

이런 과정에서 '반지성주의'가 '자유주의'로 둔갑하는 현상이 나타났습니다. 대표적으로 마스크 착용이 감염 차단을 위한 합리적 수단으로 권장되기보다는 오히려 '아시아인 혐오'로 연결되는 비합리성이 '합리성의 종주국'들에서 발생했습니다.

코로나19 팬데믹과 자유주의의 위기

- **존재론적 도전: 개인주의 존재론에서 '돌봄의 관계론'으로**

  - 사회적 경계를 유동화하는 바이러스의 행동
  - 계급적 관계론, 공동체주의적 관계론과 구별
  - 인간의 보편적 속성으로서 '돌봄': 보편적 관계론

- **극우화의 도전**

  - '음모론': 자연 의료 세력과 극우세력의 합류
  - '마스크'의 기능 변화: 감염차단에서 아시아 혐오의 상징으로
  - 신극우화의 특성: '자유주의'의 전유
  - 극우정치의 스펙트럼 확대, 내용적 다양화

서구에서 마스크 착용 정책을 꺼린 이유는 사실 감염병 대처에 마스크가 별 효력이 없다고 발표된 '의학적 판단' 때문이 아닙니다. 그것은 단지 구실이었고, 실제로는 신자유주의 세계화로 마스크 생산이 중국 등의 저임금 국가들로 완전히 이전되어 사실상 공급이 불가능했기 때문입니다. 이처럼 마스크 수급이 어려운 상황에서 사회적 혼란을 피하겠다고 정부와 언론이 의학적 권위를 빌려 거짓말을 퍼뜨리면서, 마스크는 서구 사회에서 감염병 예방 도구가 아니라 오히려 개인정보 통제를 통해 감염병에 대처하는 '아시아 집단주의의 상징'으로 여겨지게 되었습니다. 그리하여 싱가포르, 대만, 한국 등 감염병에 성공적으로 초기 대처한 아시아 사회에 대해 노골적인 무시와 조롱이 진보·보수를 막론하고 행해지게 됩니다.

물론 팬데믹 이전에 미국의 극우 트럼프주의 역시 '개인의 자유'를 절대화하고 있었습니다. 개인들이 '미국인'이라는 집단 정체성에 투항하여 집단이기주의를 맘껏 주장하는 '자유'가 '자유주의 종주국'으로서의 우월감을 표현하는 것이었습니다. 이처럼 신자유주의가 주장하는 '개인 자유의 절대성'이 오히려 극우적 집단 투항을 이끄는 역설이 '극우정치화' 과정에서 진행되었는데, 이것이 코로나19 팬데믹을 거치며 한층 확대되었습니다.

흔히 '탈진실'로 표현되는 이런 새로운 극우화의 현상

은 스페인 프랑코주의, 이탈리아 파시즘, 독일 나치즘으로 연결되는 과거 유럽의 극우화와 구별되는 특성을 보입니다. 여기서 '탈진실'이란, '진실'을 집단 세력화에 기초한 사회적 구성물로서 '상대화'하는 관점을 말합니다. 과거 유럽의 극우는 '자유주의'가 미약한 후발 근대화 사회에서 발생했고, 따라서 자유주의에 대항하는 '반동'을 자처했습니다. 따라서 자신들의 도덕적 정당화를 위해 '자유'가 아니라 군중의 전통적인 '집단 도덕'을 내세웠습니다. 반면 오늘날 구미의 새로운 극우는 '자유주의 세력'임을 내세워 타자를 배제할 '자유'를 주장합니다. 말하자면 '자유'와 '개인'의 개념 자체가 점차 극우적으로 세탁되는 중이라고 할 것입니다.

한편 앞으로 돌아가서, '돌봄의 존재론'으로 자유주의에 대항하는 위의 첫 번째 도전은 벡의 위험사회론과 충돌하면서도 연결 가능성을 보여줍니다. 먼저 충돌하는 부분을 보면, 그것은 벡의 '성찰성' 요구와 충돌합니다.[92] 여기서 '성찰성(reflexivity)'은 자유주의에 대한 자유주의적 성찰, 개인주의에 대한 개인주의적 성찰을 의미합니다. 말하자면 '성찰'이란 동일한 원리의 '자기 적용'을 의미합니다. 그런 의미에서 '반성'과도 통하는 것입니다.

예를 들어 산업사회 자유주의 제도가 반쪽 자유주의에 불과하므로 자유주의 원리를 더욱 일관되게 확대 적용하여, 여성 등 '타자'들도 개인화하고 결국 개인화한 자유주의적 개인들에 기초하여 세계시민주의 연대로까지 가야 한다는 것입니다. 그러나 돌봄의 존재론은 자유주의의 존재론적 출발점 자체를 바꾸어, 개인의 권리 보장 역시 돌봄의 관계성 속에서 재규정해야 한다는 관점입니다.

반면 돌봄 존재론이 벡과 연결될 수 있는 지점도 있습니다. 그것은 양자가 모두 '내집단/외집단의 구별'을 '공동체'의 출발점으로 삼는 '특수주의' 사회 연대에 반대한다는 것입니다. 벡은 공동체주의에 반대를 표명했는데, 아마도 이런 이유에서였을 것입니다. 돌봄 존재론에서 '공동체 연대'를 주장하는 목소리도 있으나, 거기서 '공동체'는 인류의 보편 공동체를 의미합니다. 왜냐하면 어떤 문화 공동체에 속하건, 인간이 (타인 또는 자연의) 돌봄에 의존적이라는 사실은 변치 않는 보편적인 존재론적 조건이기 때문입니다.

그러나 여기서 특수주의적 공동체성을 탈피하는 방식에서 벡과 돌봄 관계론이 달라집니다. 벡은 '자유주의 보편론 대 공동체 특수론'이라는 칸트 이후의 이분법에 근거하여 개인화의 전면화 및 그 토대 위에서 가능한 세계시민주의의 보편성을 주장했습니다. 18세기의 칸트가 여성을 '개인' 또는 '이성적 주체' 범주에서 제외했다면, 20세기의 벡은 남녀를 동등한 개인으로 개념화한 것이 차이일 뿐입니다. 반면 돌봄 존재론은 '개인'의 개념을 '생명체의 상호의존성'이라는 새로운 보편성의 맥락 속에서 다시 새롭게 사유해야 한다고 주장합니다.

이와 반대로 오히려 '극단적 개인주의'를 내세운 새로운 극우는, 내집단/외집단의 경계를 굳히는 폐쇄적 집단화 전략을 통해서 내집단에 속한 개인들만의 자유를 주장합니다. 그로 인해 발생하는 외집단의 부자유는 관심에서 사라집니다. 여기서 '무관심'은 사회학자 고프만이 말한 '시민적 무관심', 즉 공공 영역에서 타인의 사생활에 개입하지 않는 무관심이 아니라, 우리/그들, 아군/적군의 대립과 위계를 전제로 한 무관심입니다. 여기서 주장하는 '개인주의'는 근대적 보편성의 원리가 아니라 특정 집단 도덕의 한 특성일 뿐입니다.

이런 편파적 개인주의 속에서 보편적 이성의 주체라고 주장된 자유주의적 개인은 소멸합니다. 그리고 이익집단의 결속을 '본질적 정체성'으로 고정하여 스스로 동일시하는 '산업사회의 자아 지배' 정치가 더욱 굳건해집니다. 그러나 문제는 과연 이런 '산업사회 정치가 얼마나 지속 가능한가?, 즉 얼마나 실익을 주는가?'입니다. 과거에는 산업사회의 부를 독점하면 '생존'의 이익 역시 독점할 수 있었습니다.

그러나 이제 '위험사회'의 관점이 불가피해졌습니다. 부의 생산보다 위험의 생산이 산업생산의 더 절박한 문제가 되고 있다는 것입니다. 이제 산업 성장을 마냥 촉진하고 독점하여 분배 공정성을 확보하는 자유주의 '정의' 개념은 점점 더 비현실적이 되어갑니다. 지구 행성에서 '삶'의 안전이 산업사회 체계를 통해 점점 더 빠른 속도로 파괴되기 때문입니다. 이제 선택지는 극단적으로 좁혀졌습니다. 극우적 결집을 통해 짧고 굵게 영화를 누릴 것인가? 아니면 우리 자녀와 그 자녀들도 지구 행성에서 살 수 있도록 우리의 생활방식을 바꿀 것인가? 둘 중에서 선택해야 하는 것입니다.

코로나19 이후 근대화 종주국, 민주주의 종주국들에서 자유주의의 붕괴가 점점 더 명확해지고 있습니다. 서구의 '위험사회로 탈바꿈' 과정에서 '여성의 개인화'가 아직은 성찰적으로

돌봄 존재론과 벡의 성찰적 근대성

1. 서로 충돌하는 지점

　1) 벡: '반쪽 근대'에 대한 성찰을 통해 자유주의 확장
　2) 돌봄 존재론: 개인의 자율성이 아닌 상호의존성의 존재론

2. 연결 가능한 지점

　1) 벡의 세계시민주의: 지구적 재난의 평등성으로 집단적 타자화 무력화, 생태재난 앞에서 개인들의 궁극적 동등성 주장
　2) 돌봄 존재론: 인간-인간, 인간-비인간 간 의존성으로 인해 돌봄이 필요한 존재로서 개인들의 보편적 동등성 주장

수용되는 추세라고 하겠으나, '계급의 개인화'는 전혀 그렇지 못합니다. 그것은 탈물질주의 정치보다 오히려 극우화를 재촉하여 자유주의를 위협합니다. 그러나 서구 청년 남성도 보수화가 진행되고 있다고 하니, '여성 개인화×계급 개인화'의 얽힘이 앞으로 서구의 정치를 어떻게 변화시킬지 알 수 없습니다. 벡의 낙관주의 촉구와 정반대로, 루만은 1997년의 마지막 저작에서 서구 '기능 분화 체계들'의 붕괴를 암시했습니다.[93] 그렇다면 서구 사회는 벡의 예상과 반대로, '성찰적 근대화'가 아닌 사회정치적 '아노미'로 귀결되는 것일까요?

그렇다면 서구의 이런 현실이 한국 사회에 던지는 의미는 무엇일까요? 그것은 이제 한국 사회가 문제 해결을 위해 더이상 '선진국 해법'에만 의존할 수 없다는 것 아닐까요? 오히려 젠더갈등 같은 의제에서는 구미 사회가 한국의 추이를 지켜보고 있습니다. 한국 사회가 어떻게 해답을 찾는지를 주시한다는 것입니다. 이는 한국 사회가 이제 더 이상 '선진국 추격 발전'의 패러다임 속에서 자신의 문제를 해결할 수 없다는 것을 의미합니다. 더 이상 선진 산업사회의 '기능주의 연대'나 '자유주의적 협동' 모델을 통해 사회적 분열을 해결할 수 없다는 것입니다.

한국에서 정치적 갈등의 핵으로 새롭게 부상한 젠더갈등은 양성 관계를 산업사회 '이익 투쟁'의 여러 전선 중 하나로 만드는 중입니다. 본래 산업사회 기능분화 과정에서 '친밀성'이라는 성적·정서적 영역으로 제도화했던 양성 관계가 거시적 사회 갈등의 범주로 재배치되는 것입니다. 여기서 근대화 속에서 친밀성(사생활)이라는 새로운 사회적 영역이 발생한 이유를 돌이켜 볼 필요가 있습니다. 전근대 사회에서 결혼이나 가족은 '친밀성'의 사적 의미가 아니라, 재산 및 신분 상속의 매개 고리였습니다. 공/사 구분이 존재하지 않았습니다. 그런데 그것이 왜 산업사회에서는 '사생활의 영역'으로 기능 분화한 것일까요? 그리고 그 사생활은 왜 재산 소유나 소비의 경제적 공동체가 아니라 하필 '친밀성'으로 규정된 것일까요?

    산업화와 함께 가족이 '친밀성'의 영역으로 낭만화한 이유는 근대적 '주체' 형성의 문제와 관련됩니다. 전근대 사회에서는 공/사 구별뿐만 아니라 주체/객체의 구별도 명확하지 않았습니다. 서구 봉건제 사회에서 인간은 신과 신분제에 복속된 '신민'이었습니다. '주체'란 '주권' 개념만큼이나 근대적 발명품입니다. '주체'란 가톨릭 사제와 신분제로부터 해방된 (사실 남성만의) 인격적 통일체를 의미했습니다. 그렇다면 산업화와 함께 기능적으로 분화하는 '합리성'의 사회에서 인격적 통일체는 어떻게 형성될 수 있었을까요? 교양 교육을 맡은 인문학이 여기서 중요하게 작용했으나, 성적 욕망이 허락된 '남성'의 주체 되기를 위해서는 그것만으로는 충분치 않았습니다. 전후 독일 사회학의 실증주의 논쟁에서 서로 각을 세운 비판이론 쪽(1세대 논쟁의 호르크하이머, 아도르노)과 실증주의 쪽(2세대 논쟁의 루만)이 예외적으로 일치된 견해를 보이듯이, 남성이 근대적 '개인'으로 주체화하는 데서 낭만적 사랑과 친밀한 가족이라는 '비합리성'의 제도는 필수적이었습니다.[94]

그리하여 산업사회의 '합리성' 프레임 바탕에는 비합리적(낭만적) '인격 인정'의 관계가 은밀히 숨겨집니다. 루만은 사적 친밀성 관계가 양성 쌍방의 선택에 기초한 '역사적 진보'라고 본 반면, 비판이론 1세대인 아도르노나 호르크하이머는 친밀성 속에서의 인격적 지배를 지적하며 '권위주의적 가족'을 비판했습니다. 그리고 그들은 바로 그 모순, 즉 친밀성의 인격적 지배가 가족 공동체의 이익이라는 합리성의 언어로 정당화되는 모순이, 결국 파시즘 발생의 사회심리적 근간이라고 보았습니다. 이는 앞서 외신들이 분석했듯 젠더갈등이 저출산의 인구문제로만 끝나지는 않는다는 것을 의미합니다. 그것의 핵심은 오히려 근대적 주체 개념의 지속 가능성입니다.

즉 이성 간의 낭만적 사랑이라는 근대적 친밀성 제도가 점점 더 비현실적이 된다는 사실은, 남성 주체 되기의 방식에 필연적 변화가 도래함을 의미합니다. 남성이 한 여성과의 일생을 통한 인격적 인정 관계(혼인 관계)에 의존하지 않아도 어떻게 주체로 설 수 있는지 논의가 필요하다는 것입니다. 한편 남성과 달리 근대 사회에서 그런 주체적 인정의 '호사'를 누려본 적이 없는 여성의 경우에는, 또 다른 방식으로 주체 되기의 문제가 등장합니다.

그런데 서구에서는 개신교 이전에, 그리고 한국에서는 유교 이전에, 혼인이 누구나 따라야 하는 보편적 제도가 아니었습니다. 따라서 혼인율이 점점 낮아지는 미래의 새로운 인격적 관계를 사고함에 있어서 과거의 경험 역시 환기할 필요가 있을 것입니다. 다만 전근대 사회로의 회귀는 해법이 될 수 없습니다. 따라서 이 지점에서 다시 '돌봄' 또는 '상호의존적 존재론'의 문제를 사고해야 합니다.

앞서 본 '친밀성' 영역의 기능분화가 말해주는 것은, 자유주의적 개인 주체 역시 친밀한 돌봄 관계 속에서 만들어졌다는 것입니다. 그런데 이제 고립된 개인의 사생활에서 친밀성 관계가 평생 보장되는 산업사회의 가족 형태가 유동화하고 있다면, 주체 되기의 바탕이 되는 인격적 인정의 관계는 과연 어떤 방식으로 가능할까요? 위험사회에서 그것은 무엇으로 표현될 수 있을까요? 여기서 다시 근대화 과정을 추적하면, 우정이나 동성애 등의 비이성애 친밀성이 근대적 친밀성 제도 확립 과정에서 주변화 또는 축출된 사실을 떠올릴 수 있습니다.

오늘날 가족관계의 다양성이 (다시) 비혈연적, 비성적, 비이성애적 형태를 포함하므로, 이를 기억할 필요가 있습니다. 그러나 친밀성의 '형태'뿐만 아니라, '견고성' 역시 중요합니다.

따라서 인격적 인정의 관계를 이미 '유동화'에 들어선 사적 친밀성 영역에만 제한해야 하는가에 대해서도 고민할 필요가 있습니다. 관계 유동화의 불안을 어떻게 상쇄해야 개인이 주체로서 일정하게 안정화한 인격을 유지할 수 있을까요?

그런데 만일 인간관계의 기본이 고립된 개인들의 합목적적 관계 맺기가 아니라 존재론적 돌봄이라고 출발부터 관점을 바꾼다면, 유동화의 불안을 상쇄할 가능성을 찾을 수 있지 않을까요? 그러면 공적 관계에서는 돌봄의 '공공성'을, 사적 관계에서는 돌봄의 '사적' 윤리를 구분하게 될 것입니다. 돌봄의 공공성은 공/사 구분이 전혀 없는 전근대적 신분제적 공동체 연대와도 다르고, 산업사회의 이익 협동적 유기적 연대와도 다른 방식의 사회적 연대 형식을 창출하게 되지 않을까요?

현재 한국의 개인화는 서구처럼 개인주의의 성찰적 자기 적용인 '제2개인화'가 아니라, 과거에는 없던 개인주의의 창발입니다. 따라서 한국 사회는 이 문제에 있어서 그야말로 개척자 위치에 있다고 할 것입니다. 한국 사회가 초저출산 장기화로 가는 길에서만 앞장서는 것이 아니라, (결국은 '자유주의의 붕괴'로 향하는) 서구의 계단식 개인화를 답습하지 않고 돌봄 연대 속의 개인화라는 새로운 돌파구를 찾는 데서도 앞설 수 있지 않을까요? 이렇게 (인간·비인간을 포함하는) 돌봄 관계론에 기초한 수정된 위험사회 관점에서 새로운 주체 되기의 전망을 제시할 수 있다면, 젠더갈등의 정략적 도구화는 그 동력을 상실할 것입니다.

복잡계 과학에 따르면 '창발'은 예측할 수 없는 사건이라고 합니다. 사실 오랫동안 그랬듯이 거시 물리학의 기계론적 사고를 사회학에 도입하면, 우리는 미래에 대해 어떤 전망도 제시할 수 없습니다. 거기서 예측은 거시 물리학적 법칙성에 근거해서 가능한데, 그런 법칙성이 사회적 세계에는 나타나지 않기 때문이죠. 그러나 어쩌면 지금 바로 이 순간에도, 우리가 예측할 수 없는 어떤 다른 미래가 펼쳐지도록 새로운 움직임들이 꿈틀대고 있는지도 모릅니다. 우리가 '법칙적으로 예측해야 한다'는 자만심을 버리고 현실의 작은 변화들에 감응할 때, 오히려 우리는 미래의 변화에 더 가까워지지 않을까 싶습니다.

주

1   테오도어 W. 아도르노·막스 호르크하이머, 2001, 『계몽의 변증법』, 김유동 옮김, 문학과지성사.

2   김학준, 2017, "웃음과 폭력," 연세대학교 젠더연구소 엮음, 『그런 남자는 없다』, 오월의봄.

3   김익명 외 7인, 2018, 『근본 없는 페미니즘』, 이프북스.

4   맨즈랩, 2022.12.28., "여보세요? 무섭다…'폰포비아' 확산 우려," https://www.manzlab.com/news/articleView.html?idxno=24256 (검색일: 2024.6.16.).

5   이종원·유승호, 2003, "연구보고 03-R 05. 청소년들의 온라인 게임 이용 실태 연구," 한국청소년개발원.

6   최태섭, 2017, "Digital Masculinity," 연세대학교 젠더연구소 엮음, 『그런 남자는 없다』, 오월의봄.

7   같은 글.

8   김수진·엄혜진·윤보라·김원정, 2012, "농담과 비키니, 나꼼수 사건을 바라보는 조금 다른 시선," 『페미니즘연구』 12(1): 219-253.

9   한겨레신문, 2021.5.31., "GS리테일 사장 인사까지 뒤흔든 '집게손 포스터', 어디까지 가나," https://www.hani.co.kr/arti/society/women/997382.html (검색일: 2024.6.18.).

10 시사IN, 2019.4.15., "20대 남자, 그들은 누구인가," https://www.sisain.co.kr/news/articleView.html?idxno=34344 (검색일: 2024.6.18.).

11 김학준, 2017, 앞의 글.

12 나무위키, "친목질," https://namu.wiki/w/%EC%B9%9C%EB%AA%

A9%EC%A7%88 (검색일: 2024.2.11.).

13   김학준, 2017, 앞의 글.

14   위키백과, "키보드 워리어," https://ko.wikipedia.org/wiki/%ED%82%
      A4%EB%B3%B4%EB%93%9C_%EC%9B%8C%EB%A6%AC%EC%
      96%B4 (검색일: 2024.2.11.).

15   나무위키, "키보드 워리어," https://namu.wiki/w/%ED%82%A4%
      EB%B3%B4%EB%93%9C%20%EC%9B%8C%EB%A6%AC%EC%
      96%B4 (검색일: 2024.2.11).

16   게오르크 짐멜, 2013, 『돈의 철학』, 김덕영 옮김, 도서출판 길.

17   17세기 후반 '온 나라 양반 되기' 현상에 대해서는 김상준, 2016, 『맹자의
      땀 성왕의 피』, 아카넷 참조. 그러나 나는 이 책의 전반적 주장에는 동의
      하지 않는다.

18   나무위키, "메르스 갤러리," https://namu.wiki/w/%EB%A9%94%
      EB%A5%B4%EC%8A%A4%20%EA%B0%A4%EB%9F%AC%EB%
      A6%AC (검색일: 2024.2.12.).

19   이데일리, 2024.2.11., "서울 0.1% 소득자 '압구정 50평대' 아파트값 매년
      벌어," https://www.edaily.co.kr/news/read?newsId=0128576663878
      9536&mediaCodeNo=257 (검색일: 2024.2.12). 한겨레신문, 2023.4.10.,
      "한국 소득 불평등, OECD 2번째로 빠르다," https://www.hani.co.kr/
      arti/economy/heri_review/1087168.html (검색일: 2024.2.12.).

20   송민정, 2024, "일베 남성성의 변주와 구조적 한계," 연구모임 사회비판
      과 대안 엮음. 『포르노그래피, 그리고 청년이라는 문제』, 사월의책.

21   최태섭, 2017, 앞의 책.

22   인류학자 레비스트로스에 의하면 '여성의 교환'은 남성이 대표하는 공동
      체 간의 연대 형성을 매개하는 보편적 현상이었다. 게일 루빈, 2015, 『일
      탈』, 임옥희·조혜영·신혜수·허윤 옮김, 현실문화 참조.

23   송민정, 2024, 앞의 글.

24   천관율·정한울, 2019, 『20대 남자』, 시사IN북.

25   세대론을 '불평등'의 관점에서 접근한 대표적 사례로 이철승, 2019, 『불

평등의 세대』, 문학과지성사 참조.

26   청년 남성의 사회경제적 불평등에 대한 계급론적 접근은 신진욱, 2022,
     『그런 세대는 없다』, 개마고원 참조. 반면에 '세습자본주의' 개념을 사용
     한 계층론적 접근은 조귀동, 2020, 『세습 중산층 사회』, 생각의힘 참조.

27   신분과 계급, 계층의 관계에 대해서는 홍찬숙, 2024, "복잡한 불평등 시
     대의 한국 청년, '젠더 갈등'의 정치," 연구모임 사회 비판과 대안 엮음,
     『포르노그래피, 그리고 청년이라는 문제』, 사월의책 참조.

28   낸시 프레이저·악셀 호네트, 2014, 『분배냐, 인정이냐?』, 김원식·문성훈
     옮김, 사월의책.

29   아이리스 매리언 영, 2017, 『차이의 정치와 정의』, 김도균·조국 옮김, 모
     티브북.

30   Wikipedia, "Robert Sesselmann," https://de.wikipedia.org/wiki/
     Robert_Sesselmann (검색일: 2024.6.26.).

31   구동독 지역 청년 남성의 정치성향에 대해서는 홍찬숙, 2020, "독일 통일
     30주년의 젠더 이슈: 구동독 지역의 여성 인구유출에서 남성 청년 정치
     문화의 극우화까지," 『여/성이론』 43: 108-128.

32   근대 과학 또는 과학이 사용하는 '도구적 이성'에 배태된 야만적 타자화
     의 문제는 아도르노의 비판이론과 푸코의 탈근대주의를 관통하는 공통점
     이라고 할 것이다.

33   홍찬숙, 2022, 『한국 사회의 압축적 개인화와 문화변동』, 세창출판사. 국
     승민·김다은·김은지·정한울, 『20대 여자』, 시사IN북 등 참조.

34   '복잡한 불평등' 또는 '불평등의 복잡화'에 대해서는 홍찬숙, 2024, 앞의 글.

35   중앙일보, 2019.4.17., "이념 갈등 위에 젠더 갈등, 현 정부서 6배로,"
     https://www.joongang.co.kr/article/23442964#home (검색일:
     2024.6.28.).

36   홍찬숙, 2022, 앞의 책 참조.

37   조선일보, 1994.12.18., "방송사도 놀란 포청천 돌풍/공명정대-강직함
     에 매료 시청률 급등," https://www.chosun.com/site/data/html_
     dir/1994/12/18/1994121871601.html (검색일: 2024.6.3.).

38   주간경향, 2016.4.5., "카이펑...강철 신념 지닌 '철면무사' 포청천 포증카,"
      https://m.weekly.khan.co.kr/view.html?med_id=weekly&artid=2016
      03291139191&code=#c2b (검색일: 2024.6.3.).

39   존 롤스, 2003, 『정의론』, 황경식 옮김, 이학사.

40   David Gauthier, 1986, Morals by Agreement, New York: Oxford
      University Press.

41   나는 이것을 '압축적 개인화' 개념으로, 특히 현재 한국 사회에서 성별로
      이질화한 특성을 보이는 압축적 개인화의 양상으로 설명한 바 있다. 홍찬
      숙, 2022, 앞의 책.

42   내가 참고한 조사 자료들은 홍찬숙, 2022, 앞의 책 참조.

43   '젠더갈등'이 한참 고조되던 상황에서도 청년 남성들의 주장을 공론화하
      려던 오프라인 시위 규모는 최대 500명 수준이었고, 시위의 지속성 역시
      매우 약했다.

44   '개인화' 개념은 단행본 저술 중에서는 『위험사회』에서 처음 사용되었
      는데, 한국어 번역본에서는 '개인주의화'로 오역되었다(울리히 벡, 1997,
      『위험사회』, 홍성태 옮김, 새물결 참조). '제2개인화'는 이후 신자유주의
      세계화를 다루며 몇 가지 개념들을 조정하는 가운데 처음 사용된 용어이
      다. 울리히 벡, 2013, 『자기만의 신』, 홍찬숙 옮김, 도서출판 길 참조.

45   막스 베버, 2010, 『프로테스탄티즘의 윤리와 자본주의 정신』, 김덕영 옮
      김, 도서출판 길.

46   울리히 벡·엘리자베트 벡-게른스하임, 1999, 『사랑은 지독한, 그러나 너
      무나 정상적인 혼란』, 배은경·권기돈·강수영 옮김, 새물결.

47   실제로 최근 이런 내용의 외신 보도들이 많이 나오고 있다. 중앙일보,
      2024.2.12., "'한국도 극단적 상황'···남녀로 갈린 Z세대, 전세계가 다 이
      렇다," https://www.joongang.co.kr/article/25228076#home (검
      색일: 2024.5.6.). The Economist, 2024.3.13., "Why Young Men
      and Women Are Drifting Apart," https://www.economist.com/
      international/2024/03/13/why-the-growing-gulf-between-young-
      men-and-women (검색일: 2024.5.9.). The Economist, 2024.3.14.,

"Making Sense of the Gulf between Young Men and Women," https://www.economist.com/leaders/2024/03/14/making-sense-of-the-gulf-between-young-men-and-women (검색일: 2024.5.9.).

48   테오도어 W. 아도르노, 1999, 『부정변증법』, 홍승용 옮김, 한길사.

49   울리히 벡, 2011, 『세계화 시대의 권력과 대항권력』, 홍찬숙 옮김, 도서출판 길.

50   예를 들어 미국의 경우 수전 팔루디, 2017, 『백래시』, 성원 옮김, 아르테 참조.

51   2024년 6월 실시된 유럽의회 선거를 보면, 5년 전 선거에서는 청(소)년 층에서 녹색당이 부상했던 반면 이제는 극우당의 부상을 기록하고 있다. https://www.tagesschau.de/europawahl/wahl/junge-waehler-100.htmlhttps://www.tagesschau.de/europawahl/wahl/junge-waehler-100.html (검색일: 2024.6.11.).

52   시사주간지 〈시사IN〉의 2022년 조사에 의하면, 청년들의 기후위기 인식이 오히려 중장년층보다도 낮았다. 그러나 성별 변수를 고려하면, 20대 여성이 기후위기에 가장 민감한 범주로 나타났다. 기후위기에 대한 인식 역시 세대와 성별이 교차하는 특성을 보인 것이다. 이것을 해당 분석 기사에서는 '20대 현상'이 기후위기 이슈에서도 확인된다고 평가했다. 시사IN, 2022.1.25., "'20대 여자 현상', 기후위기 감수성에서도 나타났다," https://www.sisain.co.kr/news/articleView.html?idxno=46627 (검색일: 2024.6.9.).

53   나는 1990년대 소위 'X세대' 현상에서부터 개인화가 시작되었다고 판단한다. 홍찬숙, 2015, 『개인화: 해방과 위험의 양면성』, 서울대학교출판문화원 참조.

54   '유교화' 개념은 마르티나 도이힐러, 2013, 『한국의 유교화 과정』, 이훈상 옮김, 너머북스 참조.

55   2024년 총선 출구 조사를 분석한 KBS에 의하면 20대 이하 남성의 46.4%는 민주당을, 47.9%는 국민의 힘을 찍어서 표심이 양분되었다. 반면에 같은 연령대 여성의 69.9%는 민주당, 25.3%는 국민의 힘을 찍어서

성별로 커다란 차이를 드러냈다. KBS, 2024.4.11., "캐스팅보터 2030 표심은?," https://www.youtube.com/watch?v=5jeo4JDcT-Q (검색일: 2024.6.10.).

56 여기서 '인정의 정치'라는 표현은 하버마스의 제자인 악셀 호네트와 하버마스 계열의 페미니스트인 낸시 프레이저의 정의론을 통칭하는 것으로 사용했다. 낸시 프레이저·악셀 호네트, 2014, 앞의 책 참조. '차이의 정치'는 아이리스 매리언 영, 2017, 앞의 책 참조.

57 로널드 잉글하트, 2023, 『조용한 혁명』, 박형신 옮김, 한울.

58 한겨레신문, 2024.2.14., "여성·젊은층보다 남성·고령층에 '기후유권자' 더 많다," https://www.hani.co.kr/arti/society/environment/1125468.html (검색일: 2024.6.11.).

59 이철승, 2019, 앞의 책. 조귀동, 2020, 앞의 책.

60 가족법 개정과 탈유교화 또는 한국의 개인화에 대해서는 홍찬숙, 2015, 『개인화: 해방과 위험의 양면성』, 서울대학교출판문화원 참조. '탈유교화' 이전에는 조선 중기 이후의 '유교화' 과정이 선행했다. 한국 가족의 유교화에 대해서는 도이힐러, 2013, 『한국의 유교화 과정』, 이훈상 옮김, 너머북스 참조.

61 홍찬숙, 2022, 앞의 책 참조.

62 신진욱, 2022, 『그런 세대는 없다』, 개마고원.

63 https://www.straightnews.co.kr/news/articleView.html?idxno=121170 https://www.sedaily.com/NewsView/29N8MG1AYT (검색일: 2024.4.23.).

64 이런 이유에서 춘추시대에 유교를 정립한 공자는 '이익 추구'를 '사적인 것'이자 '악'으로 규정했을 것이다. 그렇게 유교 설법을 통해 공자는 주나라 시대의 부계제 정치공동체로 돌아갈 방도를 강구했다.

65 https://www.hankookilbo.com/News/Read/201812270601327645 (검색일: 2024.4.26.).

66 시사IN, 2019.4.15., "20대 남자, 그들은 누구인가," https://www.sisain.co.kr/news/articleView.html?idxno=34344 (검색일: 2024.6.29.).

67   중앙일보, 2019.4.17., "이념 갈등 위에 젠더 갈등, 현 정부서 6배로," https://www.joongang.co.kr/article/23442964#home (검색일: 2024.4.29.).

68   뉴스1, 2022.5.25., "사회갈등지수 4년째 2배로 폭등...'갈등공화국' 됐다," https://www.news1.kr/articles/?4690597 (검색일: 2024.6.30.).

69   한국일보, 2019.1.2., "계층·젠더 갈등, 폭발력 커졌다," https://www.hankookilbo.com/News/Read/201812270601327645 (검색일: 2024.4.29.).

70   홍찬숙, 2022, 앞의 책 참조.

71   홍찬숙, 2024, "아도르노의 부정변증법과 벡의 위험사회 사회학,"『사회와 이론』47: 39-75.

72   울리히 벡, 1997,『위험사회』, 홍성태 옮김, 새물결 참조.

73   악셀 호네트, 2011,『인정투쟁』, 이현재·문성훈 옮김, 사월의책.

74   알튀세르 등 프랑스의 구조주의적 마르크스주의도 이와 유사한 견해를 보였다.

75   울리히 벡, 2011, 앞의 책.

76   오마이뉴스, 2024.1.29., "젊은 남녀 갈라진 한국의 극단적 상황, 다른 나라에 경고 역할," https://www.ohmynews.com/NWS_Web/View/at_pg.aspx?CNTN_CD=A0002997352 (검색일: 2024.5.5.). 중앙일보, 2024.02.12. "'한국도 극단적 상황'···남녀로 갈린 Z세대, 전세계가 다 이렇다," https://www.joongang.co.kr/article/25228076#home (검색일: 2024.5.6.). 한겨레신문, 2024.3.21., "세계 곳곳 '이대남 현상'...Z세대 남성 파고드는 극우," https://www.hani.co.kr/arti/international/international_general/1133330.html (검색일: 2024.5.6.).

77   오마이뉴스, 2024.1.29., "젊은 남녀 갈라진 한국의 극단적 상황, 다른 나라에 경고 역할," https://www.ohmynews.com/NWS_Web/View/at_pg.aspx?CNTN_CD=A0002997352 (검색일: 2024.5.6.).

78   The Economist, 2024.3.13., "Why young men and women are drifting apart," https://www.economist.com/international/2024/

03/13/why-the-growing-gulf-between-young-men-and-women (검색일: 2024.5.9.). The Economist, 2024.03.14., "Making sense of the gulf between young men and women," https://www.economist.com/leaders/2024/03/14/making-sense-of-the-gulf-between-young-men-and-women (검색일: 2024.5.9.). 이 기사들이 유료여서 필자는 다음의 유튜브를 참조했다. https://www.youtube.com/watch?v=KH-l1A8QmOE (검색일: 2024.5.9.).

79   뉴시스, 2024.2.13., "미혼남녀 57% 연애경험 없어…'연애세포 죽은 청년들'," https://mobile.newsis.com/view.html?ar_id=NISX2024 0213_0002625062 (검색일: 2024.5.6.).

80   인구보건복지협회, 2022, "청년의 연애, 결혼 그리고 성 인식 조사," [유튜브] 조승연의 탐구생활, "저출산? 비혼? 뇌과학자가 말하는 연대도 안 하는 이유 5가지?"에서 재인용. https://www.youtube.com/live/1NzIQ tbwv8Y?app=desktop&t=974s (검색일: 2024.7.2.).

81   울리히 벡·엘리자베트 벡-게른스하임, 1999, 앞의 책.

82   울리히 벡·엘리자베트 벡-게른스하임, 2012, 『장거리 사랑』, 이재원·홍찬숙 옮김, 새물결과 비교.

83   니클라스 루만, 2009, 『열정으로서의 사랑』, 권기돈·조형준·정성훈 옮김, 새물결 참조.

84   울리히 벡·엘리자베트 벡-게른스하임, 1999, 앞의 책 참조.

85   니클라스 루만, 2009, 앞의 책 참조.

86   장경섭, 2023, 『내일의 종언?: 가족자유주의와 사회재생산 위기』, 집문당 참조. 그러나 나는 그의 '가족자유주의' 개념에 동의하지 않는다. '가족자유주의' 개념에 대한 나의 비판은 홍찬숙, 2020, "'가족자유주의': 가족주의 및 개발국가에 편입된 자유시장 질서를 '자유주의'라고 할 수 있는가," 『경제와 사회』 125: 441-446 참조.

87   울리히 벡, 2011, 앞의 책.

88   최유미, 2020, 『해러웨이, 공-산의 사유』, 도서출판b 참조.

89   낸시 프레이저·악셀 호네트, 2014, 앞의 책 참조.

90   매일경제, 2024.1.28., "'한국은 세계에서 가장 우울한 나라'…미국 유명 작가의 솔직한 여행기," https://www.mk.co.kr/news/society/1093111 21 (검색일: 2024.5.13.).

91   홍찬숙, 2015, "1980-90년대 한국의 저출산과 압축적 개인화의 가능성," 『개인화: 해방과 위험의 양면성』, 서울대학교출판문화원.

92   홍찬숙, 2021, "팬데믹 위험사회와 돌봄의 사회적 의제화: 사회학의 패러 다임 전환 촉구," 『사회와 이론』 39: 53-82 참조.

93   니클라스 루만, 2012, 『사회의 사회』, 장춘익 옮김, 새물결.

94   막스 호르크하이머, 1998, "제6장 현대사회에서의 권위와 가족," 이효재 엮음, 『가족 연구의 관점과 쟁점』, 까치. 니클라스 루만, 2009, 『열정으로 서의 사랑』, 권기돈·조형준·정성훈 옮김, 새물결.

질의응답

"소멸할지언정 개방하지 않는다."

2024년 11월 7일, 동덕여자대학교(이하 동덕여대) 학생들이 학교 건물을 점거하고 집단 농성을 벌였습니다. 동덕여대 대학 본부가 비공식적으로 '남녀공학 전환 추진'을 논의한 사실이 밝혀지면서, 학생들은 학교에 정면으로 대항했는데요. 주류 언론 매체가 동덕여대 학생들이 벌인 시위 방식의 폭력성만을 보도하며, 학생들을 향해 "반지성·반문명적인 행위", "여대의 존재가 역차별"과 같은 혐오성 발언들이 쏟아지도록 분위기를 형성했습니다. 저는 이번 사건이 주류 언론 매체 기자들의 태만함을 드러냈으며, 여성들을 향한 남성들의 성차별적 언사가 범람했던 '젠더갈등' 그 자체였다고 해석했습니다. 교수님께서는 이 현상을 어떻게 보고 느끼셨는지 궁금합니다.

– 당시에 제게 제일 먼저 떠오른 것은, "학생들을 저런 대응으로 몰아간 원인과 배경은 무엇일까?"라는 물음이었습니다. 사실 언론에서 부각한 폭력성 같은 것이 핵심적인 문제는 아닙니다. 청년들의 시위가 과격성을 띠는 일이 역사적으로 희귀한 것은 아니었기 때문입니다. 예를 들어 과거 서구 68세대의 운동방식은 기성세대들에게 공포를 일으킬 정도였습니다. 그러나 신자유주의화 이후 언론이 보수화하면서, 한국뿐 아

니라 전반적으로 시위 방식의 과격성을 문제 삼는 논조가 강화되고 있습니다. 예를 들어 코로나19 팬데믹 전후로 기후활동가 집단인 '마지막 세대'가 전시 중인 미술 작품들에 물감을 던지는 식으로 시위했습니다. 그때도 언론과 여론은 그들이 제기하는 의제보다 시위의 폭력성에 초점을 맞추었습니다.

사실 폭력성, 반지성, 반문명 등은 그것이 사용되는 맥락 속에서 그 의미가 상대적으로 정의되는 개념입니다. 비교 대상과 저울질하면서, 어느 쪽의 폭력성이 더 큰지 또는 더 쉽게 눈에 띄는지, 무엇이 진정한 지성인지, 혹시 단순히 선진 기술을 사용하는 것을 지성이라고 말하지는 않는지, 문명은 단순히 더 편하고 더 잘 사는 것만을 의미하는지 아니면 고도의 정신적이고 사회적인 가치와 연결된 것인지 등, 많은 것을 헤아려서 사용해야 하는 어려운 말들입니다. 그것들을 너무 쉽게 사용한다면, 오히려 그 용법들에 대해 문제 제기를 할 수 있다는 것입니다.

제 생각에, 말씀하신 동덕여대 건의 핵심은, 학생들이 자신들의 발언권이 억압당한다고 느꼈다는 사실입니다. 자신들을 '서발턴'(말을 할 줄 알지만 자신을 표현하는 말을 해서는 안 되는 사람들)으로 인식한다는 것이죠. 그들의 과격한 시위 방식은 그런 억눌림이 얼마나 감당 안 되게 큰 것이었는지를 가리키는 지표라고 생각합니다. 발언권이 억압된 경험들, 그것들이 쌓이면서 만들어진 분노가 일시에 폭발했다고 할까요? 따라서 우리가 가장 먼저 물어야 할 것은, '누가 그리고 무엇이 이들의 목소리를 막는가?'일 것입니다. 학생들이 명시적으로 지목한 것은 학교 당국입니다. 그러나 '소멸할지언정 개방하지 않는다'는 구호를 통해 그들이 지목하는 상대는 다릅니다. 저는 그 구호를 이렇게 해석합니다. '남성과 함께 있는 장소에서 여성은 자기도 모르는 사이 서발턴이 될 수밖에 없다'라고요. 그래서 이 사건은 결국 개인의 발언권에 성차별을 가해서 여성 스스로 발언을 포기하도록 만드는, 보이지 않는 사회적 힘에 대한 공포가 불러온 현상이라고 생각합니다.

다시 한번 광장을 메운 여성들, 폭력으로 결집하는 남성들

12.3 윤석열 내란 사태 이후, 윤석열 대통령의 탄핵을 촉구하는 목소리들이 광장으로 모여들었습니다. 하지만 시위 현장에서 20~30대 남성의 비중은, 2016년 박근혜 대통령 탄핵 시위 때와 달리 현저하게 줄어들었는데요. 실제로 제가 여의도 탄핵 시위 현장에 참여했을 때, 100만이 넘는 인구가 모인 날이었음에도, 20~30대 남성들은 쉽게 눈에 띄지 않았습니다. 시위 참여자로 20~30대 여성의 비율이 가장 높았고, 촛불이 아닌 '팬덤 문화'의 상징인 응원봉이 활용되었다는 점에서, 성별-세대 교체 현상이 이번 시위에서 가장 뚜렷하게 나타났다고 생각합니다. 이와 달리 국민의힘 김민전 의원과 '백골단'의 국회 기자회견, 1.19 서울서부지방법원 폭동 등 남성들이 중심을 이룬 집단은 폭력적이고 위협적인 방식으로 탄핵지지자들에게 대항했습니다. '젠더갈등'이라는 프레임 속에서 해석할 수밖에 없는 참담한 현상들이 너무나 순식간에 벌어졌습니다. 교수님께서도 서문에서 말씀하셨듯이 12.3 내란 사태를 두고 여러 감정을 느끼셨을 것 같은데요. 이번 사태에 대한 교수님의 말씀을 들어보고 싶습니다.

– 20~30 남성들도 탄핵 찬성이 대다수인데, 그들은 왜 탄핵 집회에는 참석하지 않는가? 이 질문이 사실 여기저기서 제기되었습니다. 제가 현장에서 받은 단순한 인상을 말하자면, 조직적으로 나온 경우를 제외하

면, 청년 남성들은 여자 친구 손 잡고 온 경우와 무지개 깃발 아래 나온 성소수자들로 대략 양분된 듯합니다. 그래서 저는 한 가지 가설을 갖게 되었는데, 그것은 '전통적 이성애든 아니든, 친밀성 관계를 누리는 남성들이 광장에 나올 심리적 준비가 되어 있다?'입니다. 사실 친밀성과 공공성의 관계는 근대 공론장 형성에서 매우 중요한 사회학적 주제입니다. 자유주의 시민 공론장과 자유주의적인 '낭만적 사랑'의 친밀성은 불가분의 관계 속에서 서로를 강화했기 때문입니다. 근대 공공성의 남성 주체를 내면적(심리적)으로 만들어 준 것이 근대적 친밀성 제도라는 것입니다.

이것은 아직 제가 연구하지 않은 가설이고요. 이 책의 내용을 통해서 말할 수 있는 것은, 한국에서 남성들은 공론장에 직접 참여를 꺼리는 방식으로 개인화가 진행되었지만, 여성은 공론장 참여를 주도하는 방식으로 개인화가 진행되는 차이를 보여 왔다는 것입니다. 청년 남성들은 광장에 모습을 드러내는 것을 '리스크'로 인지하는 경향이 있습니다. 시간 소모의 리스크, 카메라 채증의 대상이 될 리스크, 모난 돌이 정 맞을 리스크 등등. 어떤 식으로든 '눈에 띄어 문제에 휘말릴 가능성'을 차단하자는 경향이 있습니다. 자신을 드러내고 자신의 목소리에 책임을 지기보다는 오히려 익명의 군중 속에서 더 안심한다고 할까요? 그에 반해 청년 여성들은 동등한 시민으로 인정받으려면 스스로 싸워서 쟁취하는 방법밖에 없다고 생각하는 경향이 있습니다.

그리고 이건 제 아들을 보고 생각한 것인데요. 나중에 보니, 제 아들은 남자들로 구성된 친구들과 함께 몇 번 나갔더라고요. 근데 '응원봉' 시위는 남성적인 방식이 아니라고 생각하는 것 같았습니다. 과거 독일에서는 68운동, 신사회운동 이후 반권위주의적이고 부드러운 쪽으로 남성성의 이상이 변화했다고 합니다. 그래도 여전히 이런 변화를 반기지 않는 남성들이 많습니다. 특히 보수적일수록 더 합니다. 그래서 여성들이 주도하는 것이 싫어서 또는 그런 집회 문화가 싫어서 참여하지 않는 경우도 있지 않을까 싶습니다. 극우 집회에서 발언하는 청년 남성들을 보면 탄핵 반대보다 오히려 반페미니즘을 주장하는 경우가 대다수라고 하죠. 이 점에서 질문자께서 말씀하신 '젠더갈등'의 성격이 드러난다고 할 수 있겠습니다.